030

生かされて生きる

松原 武久
東海学園大学 学長
前名古屋市長

中経マイウェイ新書

目次

生かされてきた …… 7
ひ弱な子ども …… 11
川遊びの思い出 …… 15
無謀な中学受験 …… 19
劣等感のかたまり …… 23
教育大を受験 …… 27
教員一年生 …… 31
十五の春 …… 35
道徳の専門家になる …… 39
学校経営を学ぶ …… 43
教育現場を離れて …… 47
再び現場で校長に …… 51
開校十周年の大舞台 …… 55
校長の仕事 …… 59
特殊学級の開設 …… 63
中学校給食の実施 …… 67
食の自己管理 …… 71
六十歳を目前に …… 75
降って湧いた市長選 …… 79
気が付けば市長候補 …… 83

選挙と家族 87
第二十代名古屋市長誕生 91
公約の重み 95
川の流れのように 99
ゴール寸前のバトン 103
ミチゲーション検討 107
アナジャコの働き 111
鳥も人も 115
なごやの熱い夏 119
プレゼンス高める 123
モナコで万博誘致 127
「ニア・ザ・トヨタ」 131
藤井フミヤ氏が参加 135
光を感じる万華鏡 139
祭りの後 143
COP10の誘致 147
東海豪雨 151
ヨーロッパの新しい友人トリノ 155
アル・ゴア元米国副大統領 159
四大プロジェクト①～最先端技術～ 163
四大プロジェクト②～文化～ 167
四大プロジェクト③～環境～ 171
未完の大都市制度 175
タウンミーティング 179

トワイライトスクール……183
学校は地域文化拠点……187
ど真ん中祭り……191
四選不出馬表明……195
再び教育の現場へ……199
最後の訪問客……203
八事の森のコンサート……207
広小路ルネサンス……211
あとがき

作家・城山三郎……215
女優・竹下景子……219
下り坂の極意……223
ゴルフ哲学……227
学長就任と共生《ともいき》……231
入学式……235
マネジメントとガバナンス……239
開学二十周年……243

生かされてきた

政治家になりたいという気持ちは持っていなかった。と言うより思ってもみなかったというほうが適当だろう。ほかの人より特別に勉強したわけではないが、中学校の教師になった。教育委員会教育長を務め、気が付くと名古屋市長を三期も経験させてもらっていた。そして二〇一五（平成二十七年）年四月から、巡り巡って東海学園大学学長として、新しいスタートを切った。

こんな言い方をすると「軽々とやってきた」「順風満帆」と思われそうだが、そうではない。目の前の課題に全力で当たってきただけだ。家族には随分迷惑もかけた。その中で感じるのは「自分の力だけで生きてきたつもりだが、実は生かされてきた」ということだ。

生かされ、生きる、共に生きる。これはつまり、東海学園建学の理念「共《とも》生《いき》」だと気づいた次第。

東海中学・高校を卒業した私は、苦手な数学の試験を極力避け、母親が望む、学費の安い国立大に進学して教師に。教育現場で懸命に奮闘し、言われるままに社会教育センター、教育委員会事務局へと職場が移っても、常に持ち場持ち場で最善を尽くしてきたつもりだ。

名古屋市長としても、市民とともにごみ減量に取り組み、愛・地球博開催母都市として成功に向けて努力し、後に放課後学級として全国に広まっていくトワイライトスクールをスタートさせた。当時としてはかなり先駆的な取り組みだったと自負している。本丸御殿復元などの四大プロジェクトも緒につけた。実に目まぐるしい十二年間だった。全力でゴールテープを切るという自分の美学は貫けたと思う。

多くの「縁」を考えると、やはり生かされてきたということだ。だが、終わったわけではない。大学との新しい「縁」が始まった。そんな矢先、これまでの人生を振り返る機会を与えられた。これもまた新しい「縁」かもしれない。

筆者近影

ひ弱な子ども

一九三七年（昭和十二年）、愛知県東春日井郡旭村大字稲葉、今の尾張旭市で生まれた。

家はかなり富裕な地主だった。父は叔父の養子となり、田舎地主の養子の典型として、師範学校を出て教員となった。三十代半ばで校長となった後、県の教育委員長を歴任した。

母は日進村岩崎、今の日進市の地主の娘で、父とは見合い結婚だった。おおらかな性格でささいなことにはこだわらず、刺しゅうのような習い事、和歌、俳句などをたしなんだが、きちんとした作品に仕上げたことはなかった。ただ、兄の結納の時、陶器の皿に自作の句をさらさらと見事な筆遣いで書いたのには驚いた。

四人兄弟の三番目で、兄と姉、妹がいた。兄は長男で大事にされ、漢文の先生のところなど、〝厳格な先生〟の家にいつも預けられていた。四つ上の姉は行儀見習いに出されていて、七つ下の妹とはあまり接点がなかった。それで私はたいてい一人で遊び、わりと放っておかれていた。近所にも同年輩の友達はいなかった。

一九四一年（昭和十六年）、太平洋戦争勃発の大本営発表を、入院先の病院で母と二人で聞いた。私は小学三～四年生の頃はひ弱な子どもで、夏休みも外で遊び回ったりせず、家の廊下にゴザを敷いてごろごろしていた。

一九四五年（昭和二十年）八月十五日、日本は敗戦を迎えた。私は玉音放送も母と二人で聞いた。その内容は全く分からなかったが、言葉の調子から重大なことだとは感じた。ただ、近所に「日本は戦争に勝った」と伝えて回ったが、不思議なことに誰からも「いい加減なことを言うな！」と叱られはしなかった。

戦後、農地解放で地主は没落。当時の教員はとても給料が安く、それまで比較的贅沢な暮らしだった我が家も、家計が成り立たなくなったのではないかと思う。

ひ弱だった私もそれから強くなった。わら草履を作ってもらえないので、いつもゴム靴を履いていた。冬は長靴。それで〝長靴タケちゃん〟と呼ばれていたのが、不本意だった。

生まれた家は矢田川のすぐそばにあり、自然がいっぱいだった。名古屋市長になって生物多様性にこだわった原点がそこにある。

旭村の生家の裏庭で

川遊びの思い出

生まれた時から病気がちに育った私だが、四年生の後半になった頃から急に背が伸び、健康を回復した。夏は、矢田川で魚とりなどをして遊ぶようになった。浅瀬の砂場にいるハゼの仲間、砂くじが足の裏をくすぐる感覚を今でも鮮やかに覚えている。ピチピチでもニュルニュルでもない、独特で微妙な、何とも形容しがたい感じ。

川遊びに熱中したというより、それくらいしかやることがなかったのである。それでも、あの夏に体験した、小さな生き物の〝生きることへの懸命さ〟が、今考えると二〇〇五年の愛・地球博や、生物多様性条約第10回締約国会議、いわゆるCOP10誘致に向けた動機付けだったかもしれない。

このころのあだ名は「殺生腕白ドジョウ大臣」。「摂政関白太政大臣」を洒落《しゃれ》たわけで、命名は母だった。

勉強をした記憶はない。学校の授業も戦争中の軍国主義教育の反省から、先生の指示や指導はほとんどなく、いつも自習のようだった。

それでも、読書の楽しさには目覚めていた。世界で一番高い建物などが図解入りで載っていた、ポプラ社の『児童年鑑』をよく読んだ。父親の書棚にあった『日本地理風俗体系』の東海地方編と『世界地理風俗体系』のアメリカ編も愛読書だった。

五年生になったころ、矢田川沿いの家から瀬戸街道に面した家に引っ越した。亡き養祖父母が酒、タバコ、味噌、しょう油を扱う雑貨屋をやっていた家で、いろいろな人が出入りし、がやがやとして落ち着けず、嫌いだった。

学校がすぐ隣だったので、毎朝五時から野球をしていた。どういういきさつかは知らないが、父が本革のグローブを買ってくれた。革の匂いがうれしくて、毎日ワセリンを塗って手入れをしたものだ。こうして「殺生腕白ドジョウ大臣」から「野球小僧」に転身を遂げた。灰田勝彦が歌う『野球小僧』がヒットしたのはその後、一九五一年（昭和二十六年）のことだが。

やがて六年生になり、東海中学校を受験することになった。前の年「創立以来の秀才と言われた子がすべった学校だ」と言われた。だが、野球ばかりやっていて受験勉強は全くしていなかった。

兄、姉と私。中央の背の高い人は子守り

無謀な中学受験

一九四九年（昭和二十四年）二月、母が父兄会で学校に来たことがあった。だが、当の私は学校の隣の竹やぶで竹に登って、風を感じていた。さわやかな風に揺られ、気分が良かった。愛・地球博の「大地の塔」のコンセプトの一つ「地球の息吹を感ずる」につながる体験だったかもしれない。

今思えば、五感を磨く大切さを実感していたのだと思う。同じころ、父の書斎にあった夏目漱石や芥川龍之介も、拾い読みながら読んでいた。

ただ、基本的には野球に明け暮れて過ごした。東海中学のことは何も知らなかったし、受験勉強も全くしなかったが、たまたまその年だけ、試験の内容がメンタルテストだった。学力試験ではなく、いわゆる知能検査だ。それで合格したと今でも思っている。

東海中学で教わったのは要訳すると二つだ。

一つは「自尊心」。鼻持ちならない自尊心もあるが、向上しようという意欲、健康な上昇志向を持たないといけない。そうでなければ人生で成功しない。簡単に言うと「やればできる、勉強しろ」「自分をつまらないものと思うな」と言われ続けた。

もう一つが「自立」。四月に入学して五月に遠足があった。知多の海岸で潮干狩りだったが、現地集合、現地解散だった。中学一年生の田舎の子、どうやって行けばいいのか分からなくて途方に暮れた。それでも何とかたどり着いた。まさに「自立」の訓練だ。

遠足でも普段の行動や生活でも、東海中学校の生徒としての自覚と誇りを持てと、絶えず言われた。「健康な自尊心を大切に」という私の教育哲学は、このころに培われたのだろう。

中学時代は、勉強しても同級生の秀才にはとても勝てないと思った。一年生のころは相変わらず野球をやっていて、瀬戸の大会で最優秀選手になった。二、三年生になると学校の授業ではなく読書に心を奪われていった。吉川英治の『宮本武蔵』『新書太閤記』などの長編をずっと読んでいた。

ただ、二年の時の日本史の授業は面白く、日本史が好きになった。後に東海学園女子短期大学の教授になられた長谷川昇先生のおかげだ。

東海中学校１年生の時のクラス写真（４列目左端）

劣等感のかたまり

中学時代、父親の蔵書に与謝野晶子の「源氏物語」があって、源義経が出てくると思って読み始めた。すると義経は出てこないが面白くて、全部読んだ。これが後年、大学での研究室選びにつながったと今では思っている。

高校は無試験で、進学したという感激もなく、ただ隣の校舎に移動しただけ。どういうわけか成績上位の者が集まるA組に入れられ、同級生はデキる奴ばかりだったので、劣等感のかたまりになっていった。

数学の教師からは「基礎が全くできていない」と言われ、実力テストでは一回おきに零点だった。そんな状態で適当に過ごしていたら、二年生でG組まで落ち、気持ちは楽になった。

同級生には中小企業の跡取りが多く、エリートサラリーマンと違って、みんな定年のない生き方をしている。彼らとの付き合いが、私の人生の後半生には大きく影響していった。そういう連中と付き合ったおかげで〝幅広〟になれた気がする。

G組で仲良くなった友人と山岳部に入った。土曜日ごとに御在所岳に登ったり、山小屋で泊まったりしていたが、二人とも〝厳しい山登り〟には積極的ではなく、主な目的はスキーだった。三月に乗鞍山頂まで登り、遭難しかけたこともあった。

授業では、加藤大三先生の漢文の講義に魅了された。『十八史略』が大好きになり、日本史に加えて中国の古代史も得意分野になった。李白や杜甫などを暗誦《あんしょう》させられたが、これも平安朝文学を専攻した時、大いに役立った。

三年生に進級するとD組に入った。結局、一年生でよくできる連中、二年生であまりできない連中、三年生でそこそこできる連中と、まんべんなく知り合いができ、人脈が豊かになった。

さて、三年になるといよいよ進路を決め、得意科目に注力して受験に備えなければならない。だが、私は相変わらず国立の一期校か二期校かを決めかねていた。ただ、内心では将来なりたいものが決まっていた。

東海高校の山岳部で早春の乗鞍岳に登る（左は飯田君、右が私）

教育大を受験

本当はジャーナリストになりたかったのである。それで笠信太郎、小泉信三といったジャーナリストの論説を熱心に読んだ。ジャーナリストになるなら、大学は数学の試験もないし、早稲田の政経かと思ったが、母から「東京の私大に行かせる経済的余裕はない」と言われた。

徹夜の麻雀、山登りにスキーと、好き勝手をしてきた自分を恥じ、大いに反省。国立大一期校を受けるべく、数学に取り組んだが、手遅れと能力不足の上、意志も弱く、入試の前日も徹夜で麻雀をしている始末で、受かるわけもない。

中学に入学した時、私は分数同士の割り算ができなかった。数学教師から「数学の基礎ができていないので、この中学では苦労するぞ」と言われたが、生涯、数学で苦労することになる。

そんなわけで、受験に数学が一科目しかない国立大二期校の愛知学芸大学（現愛知教育大学）を受験。教育大学なので、皆は私が教員になると思ったようだが、自分としては教育行政官になろうと考えていた。教育現場で子どもを相手にするより、管理的に指導するほうが格好良いと思ったからだ。

そのためには東京の教育大に行ったほうがいい。愛知学芸大学は二年生修了時にほかの大学を受けることができたので、それを狙ったつもりだった。ところが、その編入試験に失敗。結果的には、それで地元の中学校の教員になった。

話を前に戻し、大学時代を振り返ってみよう。

大学では平安朝文学を専攻した。いや、本当は専門課程で開講していたのは近世文学だったのだが、岡崎の校舎に行かなければならず、それが嫌だったので、平安文学研究の石川徹先生に相談して、平安朝文学で卒論を出せることにしていただいた。かなり異例なことだったと思う。

当時は本が少なかったが、研究には多くの本を読むことが大事だった。石川先生のご自宅に毎日通い、先生の蔵書から平安朝文学の本を読み漁った。

ところで大学時代は、さらに大切な出会いを経験することにもなる。

愛知学芸大学時代の私（右）と、大学で出会った妻になる喜久子

教員一年生

平安朝文学の面白さに最初に気付いたのは、中学時代に読んだ「源氏物語」のせいだった。人間の心理描写がとてもきめ細かくて奥深く、大学では「これは物語ではなく小説だ」という卒論を書いて評価された。青年貴族の恋の遍歴を描いた前半とは様相を異にして、後半には貴族社会に対する、ある種の批判も書かれている。「宇治十帖」は別人が書いたと思われるくらいだ。

その隣の研究室に、後に私の妻となる女性がいた。旧姓・野口喜久子だ。

喜久子は学年が一年下だった。入学した時、国語関係のオリエンテーションで私が国語科の講義内容のガイダンスをした。普通は講師がガイダンスするのだが、どういうわけか講師から代役を頼まれた。

彼女は近世江戸文学の研究室だった。

「源氏物語」などの文学を研究すると、その舞台となった場所を皆で見に行こうという話になる。「文学研究会」というサークルをつくり、授業を休講にしてもらって仲間たちと京都などへ行った。この研究会に喜久子も参加してきて、だんだん親しくなっていき、自然な成り行きで卒業後に結婚することになる。

一九六〇年（昭和三十五年）、大学を卒業して守山市立守山東中学校の教員となった。教員採用試験は、国語科の私には数学の専門の試験はなく、一般教養としての簡単な数学の試験で助かった。

当時、郡部在住者は名古屋市内の教員にはなれないという不文律があり、守山は名古屋市ではなかったので、守山市の中学校に配属になった。グラウンドの半分に雑草が生えているような、牧歌的な学校で、青春映画の『青い山脈』を思い出した。

一年生のクラス担任となり、なおかつ三年生の国語全クラスを担当していた。その時の教え子たちは十五歳、私は二十三歳。八歳ほどしか離れていなかったこともあって、今でも兄弟のような感じの付き合いが続いている。後の市長選の時も、大いに力になってくれた。会社を辞めて車の運転をしてくれた子もいた。

守山東中学校は守山中学校から分離独立した学校だったので、「本校から下に見られている」という思いがあった。子どもたちに自信をつけさせたくて、ある計画を実行した。

守山東中学校の生徒たちに囲まれて（上段右）

十五の春

高校受験が厳しくなったのは、団塊の世代が中学を卒業した一九六四年（昭和三十九年）以降だった。東京オリンピック開催の年だ。だが、いずれ生徒が増え、高校受験が厳しくなるということは一九六〇年ごろからすでに言われていた。

すなわち、受験対策に力を入れなければならなくなった。教育界では「十五の春を泣かせない」というスローガンが謳われ、補習が当たり前になっていた。

そんな時代に私たちがやったのは、能力別のクラス編成だった。「能力別編成は劣等感を助長する」という考えだったので問題になった。だが、分からない子を分からないままにしておくより、できる子は伸ばし、分からない子にはきめ細かく指導したほうが良いのではないかと考えた。

数学の先生、英語の先生、そして国語の私が相談し、一年間その三教科だけは能力別編成にした。試験問題もガリ版刷りで、能力別に作らなければいけなくなって大変だったが。

それはともかく、愛知県の統一試験で、守山東中学校は地域のトップクラスの学校になっていった。特に数学、英語、国語の成績が良かった。

学校の平均点が良ければ順位は上がる。つまり、成績の悪い者が少しでも点を取れれば、全体の順位が上がることになる。私は「国語がそんなに得意ではなくとも、これだけ覚えていればある程度は点数を取れる」という方法を伝授しただけだった。

例えば、長文をまとめる時に重要なのは主語と述語だ。夏休みの宿題に、『走れメロス』の全部を主語と述語に分けなさいという問題を出した。

やがて、守山東中学は守山市内では〝名門校〟と言われるまでになった。

一九六三年（昭和三十八年）、守山市は名古屋市と合併して守山区になった。
守山東中学校は名古屋市立になり、私も〝名古屋市の教員〟となった。
そのころ、私の人生にさらなる大きな変化が訪れようとしていた。

守山東中学校での授業

道徳の専門家になる

一九六六年（昭和四十一年）、守山東中学校が文部省（現文部科学省）による「道徳の研究指定校」になった。研究期間は二年間だ。道徳は門外漢だったし、ほかの教師たちも半年くらいは「どうしよう」と考えあぐねていた。すると、校長が論点整理として六十項目くらい書き出してくれた。それをいろいろ議論しているうち、どういうわけか道徳の研究主任にされてしまった。

四十人くらいの教師がいたが、皆にそれぞれ研究課題を割り振って研究目標も定め、研究計画と授業実践をしなければいけない。だが「研究」などしたこともない私たちは、お寺で合宿したり、先進校の事例を参考にしたりして、研究集録を作った。

とにかく苦労したが、多くの同僚のサポートを得て研究発表を行った。研究テーマは「道徳の年間指導計画における中心価値の焦点化」だった。この研究実践を通して、指定校の教師たちは道徳教育への共通認識ができ、道徳の授業も自主教材を作成するまでになった。

指定されて行ったことだが、集団としての力は着実に高まったように思う。「せっかくの研究だから、教育研究員の応募論文に出したら」と勧められて出し、一発で通ってしまった。二十九歳の時で最年少だった。

この名古屋市教育研究員制度は教員のキャリアアップのための制度で、一年間、クラス担任をせずに研究に専念できる。全国的に見ても珍しいもので、一九二七年（昭和二年）からの長い歴史を持っていた。

さて、そのころ、姉に買ってもらった安物の腕時計しか持っていなかった。指導体験記録で特選になると腕時計がもらえると、誰かから聞いて書こうと思った。指定校での二年間の実践の記録と、教育研究員としての一年間の研究があるので、難しくないと思った。

原稿用紙に二十から三十枚のものだったと思うが、資料は豊富にあったので、それをまとめて提出したら、特選になった。ただ予算が削られて、その年から賞品は腕時計ではなく万年筆になっていて、少しがっかりした。

こんな調子で四年間、集中して道徳に取り組んだ。名古屋の道徳教育では中核的な仕事をする立場になっていて、公開授業をしたり、副読本を編集したり、指導書を執筆したりと、とにかく忙しかった。いつの間にか「道徳」の先生になっていた。

道徳研究発表会にて

学校経営を学ぶ

一九六〇年代、私は「道徳の専門家」ということで、市の道徳教育研究会の仕事にも関わっていたが、それは校外での仕事で、校内では進路指導の主任や野球部の顧問をしていた。当時の野球部員たちとは今でも一緒にゴルフや食事をしたりしている。

そうこうしているうちに勤続九年になり、いよいよ転勤することになった。次の赴任先、名古屋市神丘中学校では学校経営を学ばざるを得ないようになっていった。授業時間の受け持ちなどで、教師間に議論が起こるような学校だったからだ。

当時の教育現場は法や制度以前に、教師集団の理解と納得で成り立っているところが多かった。教師に無理を頼む時も「子どものために」と言って、折り合いをつけてもらうことがいっぱいあった。だが、神丘中はそれが通用しなかった。慣行や「よろしく」が通用しない時に、どうやって学校を経営すればいいのかをそこで学んだ気がする。

ほかの教員の信頼を得るには、率先垂範することと全体最適を考え、管理職にもきちんと意見を言うことが大切だと、身を持って学んだ。

神丘中でも、道徳の研究は続けていた。市の道徳教育研究会の道徳部長として、名古屋市教育委員会の指導主事の代わりに道徳授業の講評をしたこともある。

校外の仕事が忙しくても、授業はおろそかにできない。神丘中のある地域は進学校が多く、教育熱も高かった。学校のレベルを上げてくれという地域全体の思いも強かった。

どうやってレベルを上げるか悩み、システマチックに勉強できる体制をつくろうと、補助教材の活用、ショートタイムの小テストと土曜日午後に月間テストを行う体制を、生徒の学習係を中心に構築した。

「補習」というと進学競争を過熱させると言って組合から反対されるので、補習ではなく、学習相談の時間を設けた。相談は、時に午後十一時ごろになることもあった。ほかの先生方にも加わっていただき、進学校としての評価は定まった。

神丘中学校の生徒たちと（前列中央）

教育現場を離れて

神丘中学校では一九七五年（昭和五十年）まで六年間勤務した。

その年の四月、教育の現場を離れて名古屋市教育委員会の社会教育主事となり、千種社会教育センター（現千種生涯学習センター）設立に携わった。名古屋市が打ち出した「一区に一館、都市型の大型公民館をつくる」という、社会教育の全体計画での取り組みだ。

この人事に当初不本意だったが、生徒を媒介しない社会人との付き合いなど、その後の人生で大いに役立つ経験があった。

まず、都市型公民館とは何かを考えた。趣味の講座ばかりを開くわけにもいかない。市全体では成人学校を開講していたので、ある程度区の地域事情を加味する必要もある。

そこで、区の歴史や地域のお宝発掘、「しつけ」「学習の動機づけ」「話し方教室」など、母親向けの講座を開設。私はそのプログラミングを担当した。

一年経ち、軌道に乗ったと思ったら、翌年は守山社会教育センター（現守山生涯学習センター）開設のために異動となった。準備が遅れているので、プログラミング経験者が要ると言われた。経験者と言っても社会教育主事一年生なので、人事もいい加減だと思いつつ、二年勤務したので、学校教育の現場に戻れると思ったら、一九七八年（昭和五十三年）に社会教育課に移った。

社会教育、特に成人教育全体の企画調整の仕事が主で、結局四年いた。後半の二年は係長で、四十三歳になっていた。係長は民間では三十代前半のポストだ。それで教え子が心配して「先生、何か悪いことしたのですか」と電話してきた。自分としても、事務職員という辞令には違和感を持った。

それはともかく、親の協力がないと子どもは十全《じゅうぜん》に育たないと感じていた。

教師はある期間だけその子を教育するが、親は一生付き合う。だからこそ親の教育がとても大事だと考えるようになった。

それで「家庭教育セミナー」を企画した。お母さんたちが集まり、子育ての悩み、学習上の悩みを聞き、こちらは心掛けることを話す。親にしてみれば無料で勉強でき、ほかの親と交流できる貴重な機会だった。

当初は付け足しと思った四年間だったが、全市のＰＴＡ幹部の皆さんや女性団体のリーダーの皆さんとの新鮮で濃密な出会いは、後の市長選の際、大きな力になった。だが、心の底では疎外感も感じていた。

家庭教育セミナー

再び現場で校長に

社会教育課に勤めるようになって、大学受験の時に考えていた教育行政官のはしくれになった。だが、予算編成など、意外と地味で面倒な仕事が多かった。名古屋市は夏になると一人百円の市民プールを開いていたが、市内のプールを回って百円玉の入った袋を集め、夜間金庫に預けに行く仕事もあった。力仕事で大変だった。

もちろん中心となる仕事は成人教育、要するに「大人の生き方をどうするか」の教育だ。学校教育と家庭教育との両輪が大事だということで、家庭教育のリーダーを育てるためにＰＴＡのリーダー研修をしたり、家庭教育セミナーを企画実施したり、東海北陸放送セミナー等に参加したりとにかく多忙だった。

ＰＴＡ会長は中小企業の社長さんや、その町の名士のような人が務められる。

そういう人たちと付き合いができていったことも、後に大きな財産になっていく。この時の経験はまた、教育行政の人事畑を歩き出した時にも役立った。

その後、一九八二年（昭和五十七年）にまた職場を変えられた。今度は、名古屋市立丸の内中学校教頭になった。

その学校の校長は校長会会長も務めていた人物で、そこで校長としてどうあるべきかを言葉ではなく、行動で教わった。子どもの抱える問題は、その親の抱える問題でもある場合が多い。教師がそれを知らなければ、指導はできないということも、そこで学んだ。

教師は一人の人間を一面でしか見ていないことが多い。だからこそ、一人の生徒のことも皆で見て、どう育てるかを学校全体で考えなければいけないと言われた。今思うと、ケーススタディを徹底せよということだ。

一九八四年（昭和五十九年）には名古屋市立大森中学校校長に任じられた。

またまた異動だ。とはいえ、この大森中学は最初に教師として配属された守山東中学から独立した学校で、奇しき「縁」だと感じた次第である。

ＰＴＡのリーダー研修参加者と（右から３人目）

開校十周年の大舞台

大森中学校は、ちょうど開校十周年を迎える年だった。記念事業をすることになっていたので、赴任早々ではあったが「価値ある感情体験」をさせなければいけないと、企画を考えさせた。

才能のある歌手でも、小さなホールで歌う時とカーネギーホールのような大舞台で歌う時では違うだろう。人は舞台が大きくなればそれだけ輝く。生徒たちの文化発表会に、彼らにとっての〝カーネギーホール〟となるような大舞台を用意しようと考えた。

愛知県文化講堂、今の愛知芸術文化センターだ。県に相談に行ったら「中学校に貸したことはない」と言われた。それで県の教育次長に相談に行ったら「教育的な意義は理解できる」と、少し態度が柔らかくなった。結局、日程だけは県に任せてくれればと、ＯＫが出た。

さて、次の問題は一千二百人の生徒の移動だ。「どうしましょう」と教頭が言うので「電車がある」と答えた。まだ心配そうな面持ちで「どうやって引率しましょう」と聞く。内心、自信はなかったが、涼しい顔をして「引率しなくていい。現地集合、現地解散で構わない」と答えた。私自身に、東海中学校での現地集合、現地解散の遠足の経験が蘇ったからだ。

そこで教頭が駅に相談に行ったら「一千二百人が一度に乗ったら、ほかの乗客が乗れなくなる」と言われたので、学年ごとに時間を変えて乗せることにした。会場の案内図を各クラスに掲示し、席番号だけ教え、現地集合にさせた。当日は皆、時間通りに席に着き、大きな問題は起こらなかった。

先生が指示ばかり出すから、生徒も旗だけを見て行動するようになる。生徒を信頼して任せれば、自分で考えて行動する。東海中学校で学んだ「自立」を、ここでは生徒たちに学ばせることになった。

十周年記念の文化発表会の『大地讃頌《だいちさんしょう》』の大合唱は、豊かな伸びのある声で大ホールいっぱいに響き渡った。

昭和60年3月12日　大森中学ＰＴＡ　（第22号）（1）

大森中学PTA

第22号

名古屋市立大森中学校
ＰＴＡ広報委員会

名古屋市守山区大字大森字
五反田398　TEL 798-2900

寺田　清　氏　　袴田秀男先生　　豊田寿一郎氏

創立10周年記念行事特集号

大森中学校創立10周年記念のＰＴＡ会報誌

校長の仕事

大森中学校での校長在任時代には、こんなこともあった。

授業を受け持っているわけではないので、学校で一番時間があるのは校長だ。時間が空いた時、職員室に行って黒板を見ると各クラスの在籍人員が書いてあり、欠席者も記してある。あるクラスで、いつも欠席の子がいた。長期欠席かと思い、環境調査票を見てみた。住所を確認してその子の家に行った。行くと、父母は勤めに出掛け、その子だけ寝ていた。起こして、学校の近くの雑貨屋に連れて行き、パンを食べさせた。その店は守山東中学時代の教え子の店だ。それから学校に連れて行って、授業を受けさせた。この子は、単なる怠学《たいがく》の子だった。

当時は今ほど個人情報に厳しくなかったし、まだのどかな時代だったのかもしれない。もちろん心理的要因があって登校できない子はカウンセラーの領域で、校長が行っても解決しない。

地域住民の要望があり、夏の盆踊りを校庭で開催した。学校は地域のコミュニティの中心であるべきと考えていたからだ。

夏休みは、子どもたちはそれぞれ家庭で過ごすので、教員に地域を回ってもらった。子どもたちがどんな生活をしているか知って、父母とのコミュニケーションを深める場をつくろうと意図したからだ。

教員が超過勤務にならないよう回復措置を講ずることにして親と教員との懇談会を開催したところ、子どもたちの休み中の様子や地域の危険箇所などを具体的に知ることができ、有意義だった。

初任から二十四年経ち、守山東中学校時代の教え子がＰＴＡ会長だったり、郵便局長、消防団の幹部など地域の〝実働部隊〟になっていてとても心強く、居心地が良かったので、「地域とともにある学校」「地域の文化の拠点」という切り口でじっくり学校経営に取り組もうと張り切っていたが、そうは問屋が卸さなかった。

また一年で異動となり、一九八五年（昭和六十年）、四十代で教育委員会指導室指導主事になった。そこで、これまで経験してきた国語教育でも道徳教育でもない、また新しい仕事に取り組むことになる。

大森中学校の正門から下校する生徒たち

特殊学級の開設

行ったは良いが、何をしたらいいか分からない。道徳の研究をずっとしてきたので道徳担当の指導主事になると思っていたが、先任者がいたので「私は何をすればいいのか？」と聞くと、指導室長はすべて承知の上で「特殊教育できるよね」と澄ましておっしゃる。戸惑った私は「経験ありません」と言うしかなかった。

特殊学級、今で言う特別支援学級だ。初任校の守山東中学校には特殊学級が二クラスあり、特殊教育先進校だった。それで経験がないのに、特殊学級開設に携わることになった。

特殊学級を開設するには、特殊教育の対象になる子を集めなければいけない。A校、B校、C校から一人ずつ集めると三人になる。三人から五人くらいをどこかの学校に集めてクラス開設の準備を進めた。年に数校の開設という急ピッチの作業で、大変だった。

専門ではないので、必死に取り組むより仕方がない。とにかく区の校長会長さんのところへ依頼に回り、いくつか開設にこぎつけた。

不登校が問題になり始めたころだったので、不登校の子の専門のクラスを考えた。不登校を情緒障害の一つの現れと考え、特殊学級の一つとして不登校の子の相談学級を作ることにした。

この構想は時期尚早で挫折したが、後に名古屋市が全国で初めてつくった相談指導学級として結実することになる。「僕の前に道はない。僕の後に道はできる」は座右の銘になった。

また一年で異動して、翌一九八六年は教職員課管理主事になった。人事行政の部署だ。約一万人の教職員を翌年の四月に、それぞれの学校に必要な人数、適切な構成でうまく収めるのが仕事だ。ものすごく大変な部署で、採用、異動、昇任と常時二千五百人くらいを動かさなければならないのでストレスが溜まった。

一九八九年（平成元年）以降は一年か二年おきにポストを変わり、一九九五年から教育長になった。学校教育、生涯学習、スポーツ、文化、それに伴う予算編成、事務局職員の管理、本会議答弁など実に多彩で忙しい年月だった。

学校教育部長をしていた時に妻が大病に倒れて、再起不能かという事態になり、万事休した私は辞任を申し出た。幸い妻は奇跡的に回復したが、家族にはすまないことだったと今は思う。

相談指導学級の体験活動

中学校給食の実施

教育委員会で仕事をしていたころ、中学校給食の問題が市長選の争点になったことがあった。消費税ができた時なので一九八九年（平成元年）で、私の前の市長、西尾武喜氏が二期目の選挙を目前としていたころだ。私が教職員課の首席管理主事になった年だった。

母親たちから「弁当を作らなくてもいいようにしてほしい」という声が上がった。消費税のことがあって、西尾さんも二期目の選挙が楽観を許さないということになったので、公約で「中学校給食を実施する」と言わざるを得ない事態になったが、諸事情が重なり、四年間実施しないまま一九九三年（平成五年）、三期目の選挙の時を迎えた。公約だった中学校給食を実施していないことが問題視されそうになってきた。

勧められる方がいて、学校教育部長だった私はその件で西尾さんに会って話した。だが結局、西尾さんは教育委員会で考えてくれという感じで「ぼつぼつやるさ」と言って帰られてしまった。議会では共産党が「中学校給食の実施はどうなっているのか」と教育委員会を追及してきたが、「鋭意検討中」と答えるしかなかった。

ただ、西尾さんの公約を受け、実は一九九一年に学校教育部長になってから準備を進めていた。市が予算をつけるかどうかは分からなかったが、システムを整備してきたのだ。給食が始まれば、給食費を集めたりと教師の仕事が増えるのも見越して、教員組合対策も行っていた。

結局、一九九三年四月に二つの中学校で試行実施し、結果的に公約を守ったことになった。西尾さんはそれまでの実績もあり、問題なく当選された。この問題は、今考えると西尾さん自身より周囲の者が心配して騒いだだけだったように思う。

それはともかく、中学校給食のシステムとして考えたのは、複数メニューの選択制と給食と弁当の併用、そしてランチルームの整備だ。予約制にして複数メニューから生徒が選択でき、給食か弁当かも選択できるようにした。一週間前に予約してパソコンで管理するシステムをつくった。こうしたシステムを二年かけて整備して、完全実施にこぎつけた。

中学校でのスクールランチ

食の自己管理

中学校給食のシステム整備を行った時、理論的根拠にしたのは「食の自己管理」だった。それは教師としての初の赴任先、守山東中学校で行った野外活動プログラムでの体験が基になっている。

それは自然の中でキャンプする野外生活だ。その時、二泊三日分の献立てをグループごとに自分たちで作らせた。家庭科教師の許可を得た上で、食材調達も生徒に任せた。一食は料理コンテストを行ったり、一食は釣堀で釣ったマスをおかずにせよという課題を与えたり、自分たちの創意工夫を促した。

釣りでグループの人数分が釣れないと、少ない釣果《ちょうか》を分け合った。考え、協力することで野外生活が楽しく、充実すると生徒たちは身をもって学んだはずだ。事前のグループでの話し合いは常に真剣で、生産性の高いものだったと生徒たちは述懐している。

私の学校経営の根幹は、自立と自律、自己責任原則の徹底だ。全体最適を考え、その上で組織として共同して目標に取り組むことだと考えている。さかのぼると、それは東海中学校で教えられ、自分の中で育んだものだ。

ほかにも、「子どもの教育・養育上の問題に関するあらゆる相談に応じる「ハートフレンドなごや」の設置も行った。もちろんこうしたことは私一人ではなく、チームで取り組んできた。指導室で特殊教育を担当したことが、そうした仕事につながっていった気がする。

教育次長や教育長にもなったが、特別に何かをしたということはない。教育次長は社会教育と学校教育を包含する立場で、それまで現場でそれぞれ仕事をしてきたことが役立った。

そのころ、学校で週五日制の具体化の議論が始まった。名古屋市は、中学校給食を試行実施したように、試行として全国に先駆けて土曜日休日を実施しようとした。だが、これがどうやら、文部省の担当者を刺激したらしい。

「食の自己管理」の基になった守山東中学校での野外生活

六十歳を目前に

文部省が教育委員会での議決に難色を示し、説明を求めるので、出向くことになった。

「名古屋だけ先に実施するというのは、どういうわけですか」と聞かれたので「田舎では農繁期に休みにすることもあります」と答えたが、あまり説得力はなかった。

文部大臣のところまで問題が伝わり、すったもんだがあったが、最終的には「子どもたちと約束したことを守りたい」と言い張った。文部省も止めさせる権限はないので、「秋にはしない」ということで折り合いをつけ、親子ふれ合い日として実施した。

このような状態で実に多忙な日々を過ごしながら、一九九七年には六十歳を迎えようとしていた。私なりの穏やかな人生設計もあった。だが、その前年の暮れから、市長選の渦中に巻き込まれることになる。

名古屋市長になる気は毛頭なかったし、なれるとも思ってなかった。西尾武喜市長も私を後継には指名しなかったし、その時七十二歳だったと思うが、西尾さんが四期目も市長を続けられると疑いもなく思っていた。

教育長を辞めたら、実は名古屋市博物館館長になることを決めていて、教育長在任中からすでに博物館館長事務取り扱いを兼務していた。文化的な仕事を集大成にしようと思っていたからだ。

一九九六年十一月八日だったと記憶しているが、西尾さんが四選不出馬を宣言された。それを朝刊で見たが、本当に寝耳に水だった。

忘れもしない、その朝、名東区の大きな病院の理事長さんが「松原さん、これはひょっとして大変なことになるかもしれない」と電話してこられた。その時は「そんなことありえませんよ」と一笑に付したが、その方には何か予感があったのかもしれない。

「ひょっとするかも」の電話の主、加藤迪彦先生（中）と水戸泉関（現錦戸親方）

降って湧いた市長選

私は、市長選は自分に関係ないことと思い、ウィーンの博物館と名古屋市博物館との姉妹館提携の文書調印のため、十一月十二日ごろからウィーンに行っていた。

ウィーンには一週間くらい滞在し、帰国した。当時は小牧空港しかなく、空港に降り立つと、教育委員会の総務部長が緊張した面持ちで待っていて「空港に新聞記者がいっぱい集まっている。市長選出馬の意思を聞きたがっている」と言う。見ると、確かに大勢の記者が待ち構えていた。

一部報道では、市長選がらみで松原がヨーロッパへ逃げたという話になっていたらしい。記者に「いろいろ取り沙汰されているが、どうしますか」と聞かれたので「市長選のことは何も知らないし、コメントはできない」と答えるしかなかった。

それから一カ月、いろいろな候補の名前が挙がった。だが、西尾さんは後継指名をされなかった。

西尾さんは物事を深く慎重に考える人で、後継指名された人間は、西尾さんが十年近くしてきたことの〝マイナスの部分〟も受け継ぐことになると分かっていて、前市長の悪かったところを指摘できず、新しい抱負もないような人間が市長になるべきではないと考えておられた節がある。

教育長として親しくしていた自民党の団長と社会民主党の団長も、「市長選に出てほしい」と何度も言ってこられた。私は「考えていない」と断り続けた。「出馬は考えていない」と言い続けていたが、政治家は「針の穴一つ分でいいので、可能性を残してくれ」と言う。「針の穴一つ分」を断るのも、何だか悪いような気がして、言葉を濁していたが、それは政界の常識では「承諾の意志あり」となるらしい。「市長選に出る気がある」という空気になっていってしまった。

ウィーンの博物館との姉妹館提携の文書調印式
(右)

気が付けば市長候補

十一月二十三日、勤労感謝の日だったが、市のマラソンイベントがあって、教育長として出席することになっていた。

朝、自宅で目を覚まし、起きたままの姿で階下の郵便ポストに新聞を取りに降りていった。すると、自宅前に新聞記者がいっぱい集まっている。「何が起きたのかね」と聞くと、ある新聞の一面に「松原氏、市長選に出馬」と載っているという。こちらはそんな話をどこの新聞社にもした記憶はない。とにかく、追いかけてくる新聞社の車を振り切って、マラソンの開会式に駆け付けた。どこに行っても記者は追いかけてくるので、次男のマンションへ逃げたこともある。

十二月二十日、いろいろな政党から正式な出馬要請が届いた。もちろんほかにも候補者はいたと思うが、順次当たっていって消去法で残ったのが私だったのだろう。

十二月二十七日、ついに西尾さんと二人きりでお会いした。これはもちろんマスコミにも秘密にしての会合だった。そこで西尾さんに「ここまで引っ張っておいて、今さら〝出ません〟では通らないぞ」と言われた。要するに「もう腹をくくれ」ということだ。

立候補はどこに住んでいてもできるが、投票は名古屋市民でないとできない。当時尾張旭市に住んでいたので、急遽知り合いの不動産屋に連絡して、昭和区にアパートを見つけた。これも普通に窓口へ行って手続きすると騒がれるので、昭和区長に来てもらい、住民票を移す手続きをした。

そして年末年始にたくさんの資料を持ち込み、二十一項目の基本政策を作成。年が明けて一九九七年一月四日、再び西尾さんとお会いした。酒好きな西尾さんが正月なのに一滴も飲まず、私の考えた政策を実にていねいに読まれ「市政はシビアなものだから、情緒的な文章は要らない」と言われた。それからは膨大な資料との格闘の連続だった

いつの間にか、市長選に出馬することになっていた。三月末まで教育長を務めるつもりだったが、「選挙活動しながら公務員はできない」と言われた。「それでは定年退職してから立候補します」と言ったら、「何を素人みたいなことを言っている」と叱られ、結局一月十四日に教育長を辞めた。

お世話になった西尾武喜さんと青木一さん（右から）

選挙と家族

これには、病弱な妻はもちろん、子どもたちも困ったことになったと思っていたようだ。

妻の喜久子は、結婚を機に教員を辞めて子育てに専念し、その中で児童文学と出会い、作家となっていた。『鷹を夢見た少年』『火縄銃と見た夢』『えんどうの小舟』などの作品を上梓し、後に推挙されて日本ペンクラブの会員になった。

その妻は、私が教育の現場を離れ、教育委員会に行った時も「あなたは教育現場にいるほうがいい」と言い続けていた。研究論文を書いたりしているほうが、教育者らしくていいと思っていたようだ。

教員時代は、教え子がしょっちゅう家に遊びに来たが、妻もそれを快く受け入れていたので、教員でなくなることに違和感があったに違いない。

子どもは男の子が二人だが、長男は印刷会社、次男は酒造会社に就職していた。二人とも反対はしなかったが、迷惑もかけた。市長になってからは二人とも名古屋を離れた。ちなみに長男はその後、写真家になった。

ただ、東京で富士電機の副社長をしていた兄は、市長選当時関連会社の会長をしていて、立候補せざるを得なくなった私の立場を冷静に理解し、応援してくれた。妹は「お金あるの」と心配していた。

それにしても、数カ月前まで博物館の仕事をする気で準備していた私である。繰り返しになるが、そもそも市長選といった話が自分の身に降りかかってくるとは思っていなかったし、自らそちらに色気を見せた記憶は毛頭ない。

ただ、所管の経済教育委員会や本会議などでの議員の質問に対する答弁にメリハリがあって、印象が良かったかもしれない。

答弁では、原稿を手に持たないことを心掛けていた。原稿に目を落としながら話すのでは見苦しいし、質問者の顔も見ることができない。相手の目を見ずに話すと言葉に迫力がなく、訴える力もないと考えたからだ。

そんな私は、家族サービスもほとんどゼロ。子どもの小さかったころは、夏休みに集中豪雨的に家族サービスするのが常だった。妻も子どもたちも、仕方がないとあきらめていたかもしれない。

夏休みの家族旅行

第二十代名古屋市長誕生

一九九七年（平成九年）四月、私は第二十代名古屋市長になった。だが、なぜ市長候補に私の名前が挙がり、最後まで残ったのだろう。

思い当たるのはバランスだ。私なら、それほどあちこちから文句も出ないということ。どの政党とも等間隔でいたので、どこかに取り込まれることはないだろうと思われたのではないか。そんなに苦労する事もなく、バランスを取って付き合っていたと思う。

共産党を除くすべての党が私を推薦したので〝相乗り選挙〟だとさんざん批判され、不愉快だった。心の中では「乗り合い」だと思っていた。

「教員をしていた者に務まるか」という批判が一部の財界人からあったと、後で聞いた。

一九九〇年代後半の名古屋の最大の課題は、万博開催と国際空港建設の二大プロジェクトだった。当時の愛知県知事、鈴木礼治氏が影響力のある方で、地域全体をリードされていたので、母都市《ぼとし》の名古屋がモタモタしているわけにはいかない。着実に課題解決に取り組む市長が必要だった。

経済に不案内な教員だった私の出馬を不安視するのも当然だろう。だが、万博、空港を西尾さんから受け継いだ事業としてやり遂げられる者として、私を応援してくださる財界人もいた。日本ガイシの社長で、財界のオピニオンリーダーの一人、柴田昌治氏だ。ガイシ会館に社員を集めて私に抱負を語らせ、知名度不足を補ってくださった。

だんだん真剣になってきたが、個人でできることには限りがあり、焦りを募らせつつも懸命に政策の勉強をした。原稿を書いているうちに寝てしまい、ボールペンのインクが額に付く始末。

幸い多くの団体が集まり、「チャレンジ21・名古屋の会」と名付けた選挙母体ができた。世紀をまたぐことを意識したネーミングだ。

東海学園のＯＢも同級生を中心に熱心に応援してくれた。恩師の堀田岳成先生もほとんど毎日事務所に見えて、ゲキを飛ばしてくださった。

ありがたかったのは、校長ＯＢの皆さんが毎日手分けして、推薦状を取りに回ってくださったこと。大学同期の青木一さんは毎晩相談に乗ってくれた。「ひょっとして」の電話の主、加藤迪彦先生も星野仙一氏を総決起集会に呼んでくださるなど、こまごまと助けていただいた。おかげで総決起集会が行なわれた名古屋市公会堂は三階まで満員。原稿を一枚飛ばしてしまうほど興奮していたが、心は成就感で満たされていた。

最初の選挙出陣式

公約の重み

その日、選挙事務所の近くの知人のマンションにいて、妻と二人で夕食を食べていた。市長選投票日の夕方だ。すると自民党の重鎮の方から電話があり、「何してている。もう当確が出るよ」と知らされ、おっとりがたなで事務所に戻った。すでに記者も大勢集まっていた。

それからがまた怒涛の慌しさだ。「おめでとう」とあちこちから言われ、お礼を言い続けた。ホテルで急遽記者会見が行われて〝世紀をまたぐ市長〟としての意気込みや抱負などを根掘り葉掘り、夜中まで聞かれた。

記者からは、各政党各会派の要求を聞かねばならず、思い切った市政はできないのではと、相変わらず〝相乗り選挙〟を批判された。そこで市民も議会も含めた「乗り合いであり、相乗りではない」と切り返した。内心の思いがつい口に出た。

本当は選挙が終わり、くたくただったが、のんびり休んでいるわけにはいかない。また、勝利の歓喜に酔うということでもなかった。

選挙中に掲げた公約を実行しなければの思いは強く、「当選して良かった」というよりは、これからこそが本当に大変なんだという思いの方が強かった。

公約を実行するという仕事をごくごく簡単に表現すると「約束した項目を重点化し、予算を編成すること」だと言える。万博も空港も、骨格は前市長がつくっておいてくださった。あとは自分の色をどう出していくかになってくるが、実際は色を出していく機会はそれほどない。

また、予算が通ってしまうと日々の仕事が滅法忙しく、その仕事を毎日こなしていくだけで精一杯になっていく。そんな時、役所の組織はしっかりしているし、職員の行政能力は極めて高いと実感した。大都市の自治体の持っている力の源泉が役所だ。役所仕事と否定的な見方もあるが、うまく組織を使えばすごい力を発揮するものだ。

「タコ壺人間になるな」「軽はずみのすすめ」などなど市民参加を求めるのではなく、行政が市民の中に入っていく、行政参加が大切だとことあるごとに職員に語りかけた。私の役目は職員のモラールを高めることだと自分に言い聞かせた。

見事に初当選

川の流れのように

市政運営の一番の基本は、市政は川の流れのようなものだということ。曲がったり急流になったりするが、決して逆流しないように法律や各種制度、条例、そして基本計画、総合計画がある。

つまり、トップが変わったからと言って、決まっていたことが急に中止になったり変更されたりしないようになっている。市民が身をゆだねていたいと思わせるような、ゆったりとした間違いのない流れが「良い市政」だと思う。美空ひばりの歌ではないが、「その身を任せていたい」と思われるような市政をと努力してきたつもりだ。

何か争点をつくってワアワアやっていると、マスコミには取り上げられるが、そんな劇場型の市政運営は良くないと今でも信じている。人体と同じで、体調が良い時はどこに不具合があるかは意識しない。病気になって初めて胃の調子が悪いとか言い出す。

ゆるやかな流れに身を任せていたかったが、そうもいかなかった。市長選に向けて市政全体を猛烈に勉強した。大げさに言うと、人生で最も濃密に集中して勉強したと言ってもよい。教育長を退任して選挙戦に集中しなければいけない時、六十年来の友人、渡辺佳彦君が用意してくれたアパートの一室にこもり、政策づくりに没頭した。草稿ができると、その筋の専門家と徹底して議論し、練り上げた。

ただ、選挙戦では延々と項目別に話すわけにはいかない。要点を簡潔に述べねばならない。基本姿勢は、明るく元気に、開かれた市政をと訴えた。自分の取り柄を生かして「文化・教育都市」や、「防災安心・安全都市」「交流拠点都市」「環境先進都市」などの個別政策を各区の事情を踏まえて訴えた。

ところが、ゆっくり取り組むつもりの「環境問題」が焦眉《しゅうび》の急になってきた。西一区埋め立て事業、いわゆる藤前問題だ。

一般廃棄物は廃棄物処理法に基づき、それを出した地域の自治体が自分の責任で自分のところで処理を完結しなければならない。名古屋が多治見にゴミの最終処分をお願いしたのは、廃棄物処理法からはイレギュラーなことだった。

その多治見の処分場も満杯に近づいているので、新しい処分場を名古屋市に造らなければならなかった。それで藤前干潟の埋め立ての話が持ち上がった。藤前干潟はそのころ渡り鳥の楽園になっていて、鳥か人かの大論争になっていく。

幹部職員への訓示

ゴール寸前のバトン

市長就任は四月二十八日で、ゴールデンウィーク直前だった。市としては、市長が変わっても、前市長の時に予算として裏付けされたものは粛々と実行していかねばならない。行政の継続性だ。

選挙で争点になっていたので「藤前干潟の埋め立てはセカンドベストだ」と言っていた。一番良いわけではないが、やむを得ざる選択として事業を進めるという立場だ。苦しい言い訳だがやむ得なかった。

そもそも藤前干潟の問題は一九八一年（昭和五十六年）に西一区埋め立て事業として始まったもので、干潟の一部百五ヘクタールをゴミで埋める最終処分場を造るという計画が発端だ。この計画は最終処分場を造る、跡地を公園にする、そして周辺地区の公共下水を完備するという一石三鳥の公共工事で、三代の市長に引き継がれてきていた。

そのバトンを受け取った時、担当職員に「これは大問題にならないだろうか」と聞いたところ「継続的に取り組んでいる仕事で、関係省庁の理解を得ているので、今さら変えられない」と言われた。続けて「マラソンで言うとどの辺りか」と聞くと「ゴール寸前」だと言う。一本道なら走り続けるしかないと思った。

事業を進めるには用地を購入しなければならない。藤前干潟は水面下に没する時間のほうが多いので売買の対象になるのかという問題もあったが、名古屋市土地開発公社を通じて先行取得してあった。手続きの一環だ。

一九九七年五月、土地開発公社から藤前干潟を名古屋市が買い戻した。市長就任後の初仕事だったが、その後、名古屋市の不適切な支出だと言われて住民訴訟を起こされることになる。住民訴訟は市長個人が対象で、裁判所から自宅に訴状が届く。敗訴になると個人で弁償しななければならない。総額五十七億円余だ。これは大きなストレスだった。

こうして藤前干潟が問題化した時、ゴミは市民ひとり一人が出すものなのに、これまで名古屋市は市民の意識を変えてなかったのだと気づかされた。

藤前干潟、遠くに名港トリトンが見える

ミチゲーション検討

一九九七年（平成九年）五月十日、干潟を埋め立てることで環境に影響がないかどうかを、それぞれの立場の者が市民に分かりやすく説明するために公聴会が開かれた。だが、会は紛糾、議長のマイクが奪われるなどのハプニングもあって中断。二回目の公聴会開催となったがこれも紛糾して、結局三回目にもつれ込んだ。極めて異例な事態だ。

同年八月、環境庁（現環境省）が藤前干潟を「シギ・チドリ類の重要飛来地」に指定。今から思うと、環境庁の巧妙な布石だったわけだが、諫早湾の閉め切り、いわゆるギロチン事件で環境庁は批判にさらされていて、藤前の埋め立てを許すと鼎《かなえ》の軽重《けいちょう》を問われかねない状況であり、一種のアピールと思っていた。

公有水面の埋め立て許可管轄は運輸省（現国土交通省）だが、運輸省にしてみれば環境庁が「ノー」と言っているものを「イエス」とは言いにくい。

環境庁長官が名古屋出身者から四国出身者に変わった時期だった。名古屋出身の前大臣は名古屋の事情を知っておられて、良いとも悪いとも判断されなかった。だが、四国出身の大臣は瀬戸内海の豊島の産廃の搬入問題に関わった経験があり、一度失った環境は戻せないという教訓を得ておられた。それもあって藤前干潟の埋め立てに対して厳しい姿勢を示しておられた。

そこで我々は、埋め立て面積を二分の一に縮小し、残った面積で干潟の機能をより向上させる、ミチゲーション、つまり代替措置を実行しようとした。

一九九八年六月十二日に、その方面の専門家を集め、運輸省からも専門家の派遣を得て「西一区自然環境保全措置検討委員会」を発足させ、人工干潟の造成を考えた。これが成功すれば、全国の痛んだ干潟を救うことができる壮大なプロジェクトになるはずだった。

ところが十二月に入って事態は急展開する。名古屋で開かれた国際湿地シンポジウム藤前'98で、環境庁の担当の課長が「こんな鈍感で聞き分けのない自治体は見たことない」と名古屋市をこき下ろした。この時は環境オタクばかりの会合での発言と深刻には受け止めなかったが、本番はその直後にやってきた。

藤前干潟の事業予定地

アナジャコの働き

なかなか決着の付かない藤前干潟の埋め立て問題に対して環境保全措置の検討委員会を立ち上げ、埋め立ての代替措置を研究していた。

そこへ環境庁の評価課長が、代替措置は学問的に見ても荒唐無稽《こうとうむけい》で、こんなことで干潟の機能の回復はできないという見解を持って来た。その見解には、名古屋の考えの及ばない点への指摘があった。

最終報告を出す前だったので、「答案が出る前に採点されたようなもの」と反発したが、内心はやられたと思った。以前、藤前干潟を視察した際、藤前干潟を守る会のリーダー、辻淳夫さんからアナジャコの巣を見せられた時、ヒヤリとしたものを感じたことを思い出したからだ。

埋め立ての免許を申請する前提の環境影響評価では、渡り鳥がエサを取る活動への影響を考えていた。エサがあるのは水面下、わずか二十から三十センチのところ。しかし、そこよりもっと深いところで活動している低棲生物が、人工干潟では本来の活動ができないという見解が示されていた。

法律的にはそこまで触れなくても良かったのだが、この低棲生物こそが干潟の浄化作用を支えている。つまり、代替措置では藤前干潟の機能を向上させることはできず、むしろ貶《おと》めることになりかねないというのだ。

行政の責任者として、行き詰まりは何とか打開しなければならない。そこで一九九八年末、自民党の幹事長だった森喜朗さんと国会の中で二人だけでお会いした。藤前干潟の埋め立て面積を、半分のさらに半分しよう、そうすれば数年だけでも持つといった話をし、環境庁の理解を得られないかと相談した。

その際、埋め立てようとしている場所は、いわゆる干潟ではなく、伊勢湾台風の時、国道1号線の土盛り用の土を取った跡だと説明した。本来の干潟ではなく、一年中水面下の窪地を埋め、本来の干潟にはできるだけ影響を与えないようにする。これが名古屋の最後の提案だった。その一方で代替措置の人工干潟の研究も進めていた。

とにかくいろいろあったが、一九九九年の年明け早々、藤前自治会が処分場の受け入れを圧倒的多数で否決した。

いよいよゴミが街にあふれる事態が迫ってきたのだが、ごく近しい者には「台風は停滞した後、方向を変えるからなあ」と洩《も》らしていた。

オーストラリア・ジロング市との湿地提携調印式でブルース・ハーウッド市長（右）と

鳥も人も

諫早のギロチン騒動以来、干潟保全の潮流は全国に広がった。マスコミの論調も厳しい。学者、文化人からは手紙や電話で忠告された。私は「ラグビーの五メートルスクラムの連続だなあ」と周囲に洩らすようになった。

だが、騒いだ人が責任を取るはずもない。鳥も人も両方大事ということで代替措置の検討をしつつ、埋め立ての手続きは粛々と進めていた。一方でつなぎの処分場の確保と、多治見の処分場の延命と増量も模索した。

名古屋のゴミ量は年間百万トン。埋め立て量は三十万トンで、処分場の残容量は百万トン。三年少々で満杯になる状況だ。知多市につなぎのお願いに行ったり、多治見市にお願いに行ったり、席の温まる時はなかった。

「鳥も人も」で苦しんでいる姿がマスコミを通じて流れる。毎月のゴミの収集量がグラフで示される。この状況を受け、市民はゴミをどこも引き受けてくれない時、自分たちの暮らしはどうなるだろうと思い始めていた。「鳥も人も」が実現できなければ、鳥かゴミかの選択を迫られる。本当にゴミは減らすことができるか。

道徳教育で言う価値葛藤の連続だ。私自身も「変数だらけの方程式を解くようなもの」と記者に答えていた。

そうこうしているうちに決定的瞬間が訪れた。一九九九年一月二十三日、川崎二郎運輸大臣が名古屋に見えたのだ。情報を受けた私は、鈴木礼治知事と名古屋駅の貴賓室でお会いした。「藤前と代替地の二本立てでは国もやりようがないよ」と単刀直入に忠告された。

三日前、与党幹部に藤前で行くと明言したばかりの私は大いに困ったが、「わかりました。代替地を探します」と答えるしかなかった。説明を受けた各党代表は「やはりか」という感じで了解。「代替地はあるか？　ゴミは大丈夫か」と逆に心配してくださった。

一月二十五日、テレビに「藤前断念」のテロップが流れ、翌日の朝刊の一面に「藤前断念」の大見出しが踊った。名古屋にはゴミを劇的に減らす道しか残されていない。二月十八日、臨時記者会見で万感の思いを込めて「ごみ非常事態宣言」を発表したが、成算があったわけではない。名古屋はさらに困難な道を進むことになる。

ごみ減量市民大集会（写真提供・名古屋市）

なごやの熱い夏

ただ、平和ヶ丘学区や大門商店街などでリサイクル活動や資源収集が先行実施されて成果を上げていた。それで、宣言ではトリプル20の達成、すなわち20世紀中に20万トン、20パーセントのごみを減らしましょうと呼びかけた。リサイクル運動の先達、萩原喜之氏が「ごみから資源を取り出せば三〇パーセントはいける」と自信を持っておっしゃる。「本当かな」と思いつつ、これを頼りにした。

まず『ごみの分別達人帖』というガイドブックを全戸配布し、それをテキストに全市で二千三百回の説明会を開いた。全世帯の四分の一、約二十三万世帯が参加した。画期的なことだ。

「非常事態宣言」を出すに当たって嫌になるほど検討を重ねたが、翌二〇〇

○年四月一日完全実施の「容器包装リサイクル法」をテコに、紙製・プラスチック製容器の分別、いうなればゴミから資源を取り出すことを徹底しようと考えた。愚直にやるしかない。そのためのガイドブック配布、説明会開催だった。満を持して八月七日から資源回収を開始。ところがこれが大混乱。「なごやの熱い夏」の始まりだ。私も毎日早朝から分別状況を見たり、苦情を聞いたりした。分別不十分な袋には警告シールを貼った。ごちゃごちゃにごみの入っている袋は回収しないこともあった。夏のことで生ごみは腐る。市民は戸惑い、怒り、いらだっていた。

役所の電話は鳴り通しで、十万件に及ぶ問い合わせ、苦情、悲鳴が殺到した。しかし、この電話も次第に励ましに変わった。

分別が定着しかかった九月十一日、東海豪雨に見舞われた。大量の災害ごみに分別どころではない。ただちに四百台のトラックで災害ごみを撤去した。落ち着いた時、分別が再び始まり、軌道に乗った。

ごみ減量に一心に取り組んだので「ごみ市長」と揶揄《やゆ》されたが、勲章だと思っていた。

翌二〇〇一年三月、トリプル20は見事に達成された。実に多くの皆さんの力のおかげだ。

「ビン、カンに敏感になれ」「分別のある市民は分別する」

これは私が市民に呼びかけた言葉だ。

藤前断念をバネに「なごやの熱い夏」を通して、名古屋に分別文化が根付いたのである。

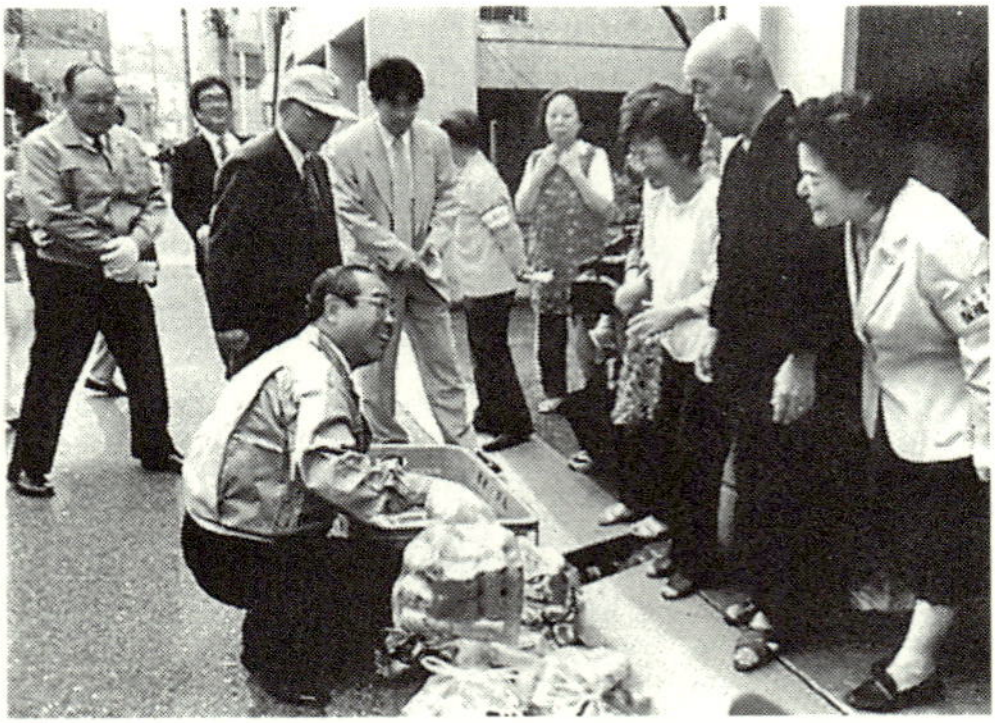

“なごやの熱い夏”（写真提供・名古屋市）

プレゼンス高める

ゴミが街にあふれる危機は脱した。二〇〇二年に環境首都コンテストで一位になり、二〇〇三年に自治体環境グランプリで「グランプリ」と「環境大臣賞」のダブル受賞を果たした。大都市としては珍しい、画期的なごみ減量達成が評価されたのだ。

だが、ごみ減量は環境問題の入口。ごみは目につくし、成果も見えやすい。環境問題全体で考えると、可視化しにくい温暖化防止のためのCO_2削減や生物多様性保全の問題もある。名古屋はそれらのほんの入口に立っただけだった。

そこで、名古屋がごみ減量という生みの苦しみの渦中に策定した「名古屋新世紀計画２０１０」の中で、名古屋の都市アイデンティティを確立するため、環境首都を目指すことを強く意識した。

名古屋のプレゼンスを高め、ビジネスチャンスを広げるため、世界から尊敬される都市になりたいと考えた。ナンバーワンではなく、オンリーワンの都市になるべきだというわけで、環境を切り口にすれば、それができるはずだと考えた。

聞くところによると、名古屋について観光ガイドブックには「東京と大阪の中間にあり、暇があれば寄るといい」と紹介されているという。事実私も、トリノ市で「ナゴヤ」と言うと「オオ！　ナガノ」と言われたし、豊田の隣と言ったほうが分かってもらえた経験がある。

幸い一九九七年十一月には国際環境自治体会議が開かれて「名古屋宣言」が採択され、十二月には京都のＣＯＰ３で大都市の代表として「名古屋も地球にある」と言って、CO_2二〇パーセント削減の「名古屋宣言」を発表した。実際の名古屋の計画は一〇パーセントマイナスだったが。

また、国際博が二十一世紀型の環境万博として二〇〇五年に愛知で開かれる。さらに二〇一〇年には生物多様性条約の締結国会議が開かれる。

一連の環境に関する世界の会議を通して、フジマエで苦労し、サトヤマの保全に努力しているナゴヤの姿をアピールしたいと考えた。ごみ減量からCO_2削減、そして生物多様性の保全だ。環境首都を目指すホップ、ステップ、ジャンプである。環境の世界では国際語になっている「フジマエ」「サトヤマ」を武器にナゴヤのプレゼンスを高めることにした。

ＣＯＰ３での「名古屋宣言」

モナコで万博誘致

一九九七年（平成九年）六月、私はモナコにいた。市長就任から一カ月半ほどしか経っていなかった。二〇〇五年開催の国際博覧会の開催地を決めるＢＩＥ総会がモンテカルロで開かれていて、愛知開催のために母都市として協力するためだ。

前任者がいろいろお膳立てをしてくださっていて、いわばリレーの最終走者として、開催地決定という最も重要な場面に立ち会うことになった。名古屋はかつて、オリンピック誘致でソウルに負けた苦い経験がある。それだけに「頑張らねば」という思いと同時に「今回もダメかもしれない」という不安もつきまとった。

国際会議というのはご承知のように、有権者が投票する。しかし、ＢＩＥの加盟国の資格は不明確で、有権者が毎日増えていると言われた。愛知県や名古屋の財界は数年に渡って誘致活動を行ってきたが、それは今までの有権者に対する働きかけで、新しい有権者への働きかけは不十分だった。

と言うより、どこに働きかけるかが不明という状態だった。まず、新たに加盟した国が分からない。国が分かっても、その国のどんな立場の人で、名前は何というか、どのホテルにいるのか分からない。

よってロビー活動もしようがない。大きな団扇《うちわ》を持ち込んでデモンストレーションをしている市民団体もあったが、個々での働きかけはやりようがなかった。誰に「アイチ、ナゴヤ」と言って良いか分からないのだ。

日本人は私も含めてだが、もともとロビー活動が下手だ。まず英語が話せないから、これはと思う人物を見つけても「ハロー」と気軽に話しかけられない。

鈴木礼治知事が先乗りしていて、精力的にロビー活動を展開しておられた。

私は議会があったので鈴木さんより遅れ、名古屋市議会の議長さんと一緒にモナコ入りした。パリで乗り換えてニースへ、地中海沿岸を自動車で走る強行軍だった。それから激動の一昼夜が始まった。

決定を待つ万博の開催国決定速報報告会

「ニア・ザ・トヨタ」

強行軍で二時頃、モナコのホテルにたどり着き、シャワーを浴びてひと眠りしようと思っていたところへ鈴木知事から電話があり、「大きなホテルを回り、外国人なら誰かれ構わず抱きついて、アイチ、ナゴヤと言いまくれ」との指示。疲れた体を無理やり起こし、とにかくホテルを回った。翌日は投票だ。

我々が乗り込んだ時、有権者は五十数カ国だと思われていたが、実際は八十数カ国になっていた。ライバルはカナダのカルガリーだ。カナダは自然豊かな国、日本は先進工業国と見られていたから、今思うと環境をテーマとした博覧会の開催地としてはカナダのほうが適していたかもしれない。

後年、コンパクトシティのモデルになっているカルガリーのＬＲＴ（ライトレールトランジット）を見に行き、改めてその思いを強くした。

ともあれ、愛知万博が環境万博へと舵《かじ》を切るのは、それからおよそ一年半後だった。最初は「開発を越えて」をテーマに産業の見本市を考え、海上の森を開発する住宅構想を持っていた。それがオオタカの営巣発見という事実があり、会場も青少年公園をメインにしてテーマを「自然の叡智」に変更。環境をアピールする二十一世紀型の万博になり、結果的に大成功を収めた。

さて、名古屋がどんなところか説明するのに「ニア・ザ・トヨタ」「バイ・ザ・トヨタ」と、豊田のそばだと表現すると割合通じた。トヨタのブランド力はすごいと思った。

そのトヨタ自動車名誉会長の豊田章一郎さんもモナコに来ておられて、エコツーリズムで観光立国しようとしているコスタリカを中心に、中米諸国の支持を集めるべく尽力しておられた。中部電力は天然ガスの関係で、中東諸国に影響力を持っていた。直前の市長選の応援に来て下さった、後の総理の小渕恵三さんも盛んにロビー活動をしておられた。

多くの力が結集され、五十数カ国中、三十カ国くらいを押さえて過半数を超えたと思っていたが、有権国が八十数カ国になって結果が読めなくなった。

「ついに開幕」愛知万博の開会式

藤井フミヤ氏が参加

正直に言うと、期待はしていたが投票結果に自信を持っていなかったように思う。最前列に陣取り、固唾《かたず》を飲んで開票を見守った。投票の結果、日本52、カナダ27で愛知に決まった。それからは苦労の連続となる。

「フジマエ」埋め立て断念後の名古屋はサスティナブルシティ（持続可能な都市）への道を歩み始めていて、それにふさわしいパビリオンをと言うことで「出展参加懇談会」を立ち上げた。哲学者の山折哲雄さんを座長に養老孟司先生、キャスターの草野満代さんら、実に多彩な方に委員になっていただいた。

私が参加を強く要請した、歌手の藤井フミヤさんにも加わっていただいた。歌手としてではなく、アートディレクターとしてである。

全く白紙から出展パビリオンの基本構想を練り上げたので、いろいろな意見が出た。ランドマークとなる巨大な木を神の依《よ》り代《しろ》と見立てるという哲学的な案もあったが、現実には難しかった。

そんな中、藤井さんは「ホッとできるパビリオン」「川のせせらぎや風の音」「日本的な色彩」「五感に訴える」といった、アナログな空間があってもいいいんじゃないかと提案された。

一九九四年に藤井さんがプロデュースされた、夜の平安神宮の野外コンサートの映像を偶然に見た。神宮の厳かな雰囲気に澄んだ歌声と上品な色彩が見事にマッチしていた。これは只者ではないと思い、総合プロデューサーにとひそかに思っていたが口には出さなかった。だが、懇談会を重ねるうち、全員一致で藤井さんにお願いすることになった。

藤井さんは「スペースデザインの仕事をしてみたいと思っていたので、新たな挑戦として引き受ける。参加するのは音楽家、藤井フミヤではないので、この仕事では一切歌わない」と宣言して、引き受けてくれた。

さらに「光を感じて敬虔《けいけん》な気持ちになったり、さわやかな風に吹かれて気持ち良くなったりするといった感覚が、都市的生活で失われている。だからホッとできる癒《いや》しのスポットを作りたい」と言われた。

「大地の塔」具体化の苦労が始まった。

名古屋市パビリオン「大地の塔」

光を感じる万華鏡

名古屋市のパビリオンは万博全体のランドマークであり、光、風、水、音と五感に訴える癒しの空間となる、アナログなものを造るという基本コンセプトのもと、「大地の塔」と名付けられた。それが万博のテーマ「自然の叡智」にふさわしいと考えた。

光、風、水、音を体感できるようにする巨大な塔までは具体化されたが、細部になると課題が続出してきた。

「光って何だ?」という話になった時は、藤井さんが「〝光を感じる〟を万華鏡で表現しよう」というアイデアを出した。万華鏡は光を通して見ると、三角形のプリズム効果で色がそれこそ千変万化《せんぺんばんか》に変化する。それで「大地の塔」の天井に巨大な万華鏡を作ることになった。来場者は塔の中に入って天井を見上げるのだ。

銀座の専門店で万華鏡を買い、藤井さんと二人で見て、こういうものを大きな塔の中に作るにはどうしたらいいのか話し合った。

蒸し暑い倉庫の中に作ったパビリオンの模型の中に藤井さんと二人で入り込み、天井を見上げながら色の変化の具合を見つめた。変化はするが、どうしてもぎこちない。そこで油を液体に混ぜることを思いついた。

色を混ぜた液体が油と混ざって動くことで、微妙でなめらかな動きとともに、実に多彩な模様が現れる。使った色は赤、緑、青で、この三原色の組み合わせで多彩な色に変化する。変化はなめらかになった。

大きな歯車で、この巨大万華鏡が回転するようにした。全くの水平だと中の液体が動かない。そこでカーブをつけると、歯車が回る時にギギギと大きくきしむ音が出てしまう。音を出さないためにはどうするか。ほかにも油の粘度など、課題は多かった。

音を感じるように風車のようなものを作って、風が吹くと木琴《もっきん》が鳴るようにした。音楽家にメロディをつけてもらい「音具《おんぐ》」と名付けた。風がなくても、子どもたちが回すと音が鳴るような補助具も付けた。

大地の塔は三角錐台《すいだい》なので、傾斜の付いた三面に沿って水を流す。水の量と表面張力によって微妙な模様を作る。「アクアウォール」と名付けた。

間に合うかと気をもんだが、「大地の塔」は見事にできた。

「大地の塔」の内部（写真提供・名古屋市）

祭りの後

「大地の塔」の製作には課題も多かったが、優秀なスタッフが課題を解決していった。最終的には、万華鏡の中に来場者が入って見上げると、多彩な色の変化が見えるという構造にした。実に多くの人が、首が痛くなるほど天井を見上げた。世界最大の万華鏡ということでギネスブックにも登録され、人気パビリオンになった。

パビリオンの運営スタッフも実によく訓練されていて、「笑顔一番！」「大地の塔一番！」「We are No.1!」を合言葉に、日々成長していった。

後で聞いた話だが、万博の閉会式の後、各パビリオンは全て閉じられたのであるが、「大地の塔」のスタッフの十数人の若者たちは館長の許可を得て床に寝そべり、明け方まで万華鏡を見上げていたそうである。彼ら、彼女らなりに成就感に満たされていたのだろう。

万博では多くの市民団体に協力していただき、いろいろなことを行った。その時はうまくいったが、結局万博はある意味、お祭り。そこでできた幾つかの持続可能な環境対策、環境行動は、その熱気が冷めた後も続いたものもあるが、EXPOエコマネー制度などは名古屋では持続できなかった。

ただ豊田市では市の理解もあり、うまく機能しているそうだ。環境行動を文化にまで高めることの難しさを今、改めて感じている。

モリゾーとキッコロは猿投の山に帰ったが、万博は当地に実に多くの財産を残した。多くの市民が二十一世紀は環境の世紀だと意識した。

これみよがしではないボランティアが育った。ごみ減量の中で培われた分別行動は、名古屋の文化になった。日常生活の中で意識することなくごみを減らせるようになったのである。

この成功体験が万博を機に、CO_2削減という「見えないもの」に挑戦する気運を醸成した。これが二〇一〇年の生物多様性条約締結国会議、COP10につながっていく。

ただ、「権不十年」とひそかに思っていたので、二〇一〇年まで市長を続ける気はなかった。だが、COP10へのレールは敷かねばと考え、クリチバへ出かけたり、ボンの会議に参加していたりしていた。

ＥＸＰＯエコマネーセンターがオープン（写真提供・名古屋市）

COP10の誘致

国際会議の誘致では継続的な取り組みが評価されるとともに、指導者同士の人間的な信頼関係が大切だ。

生物多様性条約事務局があるカナダ・モントリオールの市長の呼びかけで、環境都市として名高いブラジルのクリチバ、ドイツのボン、名古屋、シンガポールが連携して生物多様性の保全に取り組もうということになった。私も運営委員になり、二〇〇七年にクリチバ市で生物多様性国際市長会議が開かれた。ここではごみ戦争とともに藤前干潟が保全され、ラムサール条約の登録湿地になったことを報告し、注目された。

翌二〇〇八年にはCOP9がボンで開催され、この会議のセッションの一つとして生物多様性保全のための地域行動に関する国際市長会議が開かれた。名古屋は「フジマエ」「サトヤマ」の保全とCO_2削減行動を報告した。

ＣＯＰ９では、政府間協議でＣＯＰ10の名古屋開催が決まるはずだったが、最後のところで紛糾した。何でも「名古屋は良いけれど、名古屋が日本にあるからダメだ」ということらしい。その原因は、森林の生物資源の利益配分問題。要するに資源を持つアフリカ諸国と、技術を持ち新薬開発の利益を独占する先進国との利害の対立だ。日本は不当に利益を得てけしからんという論調だった。

市長会議は名古屋開催当然という雰囲気だけれど、ＣＯＰ10の開催は政府間で決めること、どうしようもない。マスコミから夕方のニュースで流すからとコメントを催促される状態で、会議場を出たり入ったりし、困惑していた。

曲折はあったが、名古屋開催は決まった。名古屋が信頼されたのは、湿地と海上の森の里山を守ったからだ。今や国際語になっている「フジマエ」と「サトヤマ」が決め手になったようだ。

現地での名古屋開催の報告会は大いに盛り上がった。藤前保全運動のリーダー、辻淳夫さんも会場に来てくれた。「昨日の敵は今日の友」と言って辻さんを紹介したが、通訳が下手で反応はいまいちだった。ともかくＣＯＰ10名古屋開催が決まった。レールは敷かれた。

クリチバ市での生物多様性国際市長会議で

東海豪雨

　東海豪雨が名古屋を襲ったのは二〇〇〇年（平成十二年）九月十一日。当日夜、市の総合計画「名古屋新世紀計画２０１０」の説明と懸案事項を話し合うため市内の料理屋で市議会幹部の皆さんと会合を持った。警報が出ていたので、気象台に今後の降雨量予測を確認してから出かけた。

　ところが、遅刻する議員さんから「中川区の愛知通りが浸水している」と連絡が入るし、「黄金の陸橋下はタクシーが徐行している状態」と到着した参加者がおっしゃる。気象台に確認すると、時間雨量四十三ミリとのこと。すぐ会議を中止して市長室に戻り、災害対策の本部員会議の召集を指示。それからが怒涛の一昼夜となった。

　災害対策本部に刻々と入る情報の分析、会議、決断、指示、それに合わせてリアルタイムでの国の機関や県の本部との連絡調整等まさに息つく暇がない。記録によると、時間降水量九十七・〇ミリ、総降水量五百六十五・五ミリ、いずれも統計開始以来最高の値であった。しかし、名古屋の不幸は、三時間の累加雨量が二百八十ミリに達したことと記録的雨量の集中した地域が固定されたことにあったと思う。

アメダスの赤い帯は庄内川に沿って南北に延び、ほとんど動かない。少しでも東にずれてくれないかという願いも通じない。台風十四号と秋雨前線の停滞が原因である。庄内川の流下水量の想定外の増高と名古屋港の満潮が重なり、結果的に新川の破提に至った。自然は本当に過酷で、想定外はいつでもあると思い知らされた。

本部員会議の中断中、防災服のまま市長室で仮眠を取ることも無く、市内各地の知人や友人宅に深夜にもかかわらず電話をかけまくった。寝ている人も多かったが、雨が激しく外は見えない、玄関に水が入った、駐車場は踝《くるぶし》まで水が来た等と教えてもらった。

ある医院は結果的に一階が水没したが、私からの電話で危険を察知し、カルテと薬品を二階に運びあげることが出来たと感謝された。

あちこち電話した結果を、名古屋市全図にマーキングした。私流の定点観測をしていたのである。これは後に数百人の市民の協力を得て市の定点観測システムとして整備された。今はパソコン利用によりさらに進んだシステムになっているようである。災害対応は行政の独り相撲では出来ない、市民協力が必須と感じた次第である。

新川決壊の様子

ヨーロッパの新しい友人トリノ

二〇〇五年（平成十七年）五月二十七日、統一イタリア最初の首都であったトリノ市と姉妹都市提携をした。ヨーロッパの新しい友人である。アルプス山脈南麓《なんろく》のフランスの影響を受けた美しい街で、古い石畳や有名店が続くコリドー、赤茶色の屋根がよく似合う風格のある街である。

姉妹都市になるための意見交換・交渉、トリノ冬季オリンピック、食の祭典「サローネ・デル・グスト」と三年で三回トリノを訪れた。

訪れる度に新しい魅力を見つける。人口は約八十万、大きな都市ではない。最新のファッションが溢れている訳でもない。工事は絶えず遅れ、あちこち掘り返している、ごみも落書きも目につく、だけど懐かしい。

そのトリノから五十キロの所にスローフード発祥の地、ブラがある。乳製品が余り好きでないが、確かにチーズは美味しい。焼きたてのパンがとにかく美味しい、バターがゆっくり溶ける、ホテルで朝食をとったことを後悔した。

ブラの役場で村夫子然《そんぷうし》とした村長さんにお会いした。物静かな小柄な老人。「なぜ、チーズやバターが美味しいですかね」と私。「牛乳がいいから」と村長。「なぜ、牛乳がいいのかね」と私。「五十キロも走って周りの風景を見て分からないのかね」と村長。そんな会話の後、同行のイタリア在住歴の長い知人の解説で納得した。

要するに、きれいな水と良い土が良い牧草を育てる。その良い牧草を食べた牛が良い牛乳を出す。土地の自然のなかでじっくり熟成する乳製品が美味しい。自然の生態系がバランスよく保たれているからいい食品が出来るということのようである。

地産、地消、旬采旬食で、大消費地である名古屋にそのまま当てはめるわけにいかないが、フードマイレージを少なくするとか、地場農業の振興、六次産業化など参考にすべき点は多々あると思った。

そんなイタリアの地域食材を集めた食の見本市がサローネ・デル・グスト、トリノで盛大に開かれる。開会式には、名古屋から百人を超える市民の皆さんが姉妹都市提携一周年記念も兼ねて参加して下さった。日本の生け花を紹介するグループ、本丸御殿の玄関の白木の模型を持ち込みデモンストレーションした職人さん達。開会式で振る舞った大吟醸の樽酒は「ジャパーニーズ・サケ」と大好評だった。姉妹都市提携が形になった。

当日夜の記念パーティー会場はトリノの映画博物館、セルジオ・キアンパリーノ市長や名古屋出身のオペラ歌手も参加され、大いに盛り上がった。

サローネ・デル・グスト開会式。鏡割に参加するトリノ市副市長と議会代表の皆さん

トリノ市との姉妹都市提携１周年パーティーでセルジオ・キアンパリーノ市長（右から２人目）と

アル・ゴア元米国副大統領

二〇〇七年（平成十九年）一月十五日、東京でアル・ゴア元米国副大統領にお会いした。彼の著書『不都合な真実』の日本語版翻訳者で環境ジャーナリスト枝廣淳子さんの仲介である。彼女は、私が京都のCOP3で名古屋宣言を発表したこと、藤前干潟の保全をしたこと、ごみの三〇パーセント減量に成功した市長だと紹介してくれていたようである。

パークハイアットの高層階の一室に静かに入って来て、力強く握手された。アメリカ人らしい気さくな明るい声掛けはなし。超多忙な彼に十五分だけ時間を頂いた。彼は自分からあまり話さない。多忙で疲れているのではと一瞬思ったほどである。

そこで、映画『不都合な真実』を見て、海流の変化などが地球環境に大きな影響を与えるという新しい知見を得たことやCO_2削減のための二百二十万市民の「もういちど！」大作戦、ＣＯＰ10立候補など、名古屋の取り組みを話した。三十八万人がエコライフ宣言し、省エネルギー活動していると説明すると、彼は一言「VERY GOOD」と答え、自分の一千回に及ぶ地球温暖化防止キャンペーンについて熱を込めて語り始めた。

エネルギッシュな男に変身。枝廣さんの的確な同時通訳により濃密な十五分となった。『みんなで減らそうCO_2』の英語バージョンのＤＶＤでは、幼稚園児の踊りを見て「OH ENGLISH」とにっこり。実にまじめで紳士的で、一日だけ米国大統領であった男。もし、彼が大統領になっていたら、京都議定書の扱いはもっと違ったものになっていただろう。

事実、彼は二〇一五年のＣＯＰ21パリ会議で、温室効果ガス削減策について熱心に説いていた。京都から十八年経ってパリ協定が結ばれ、先進国も途上国も共に義務を負うことになった。長かったけれど大きな前進である。今後は締約国がそれぞれ批准など国内手続きを着実に進め、計画達成の筋道を定めて実行していくことが望まれる。

アル・ゴアとの対談はタイムキーピングが極めて厳格で、写真撮影やプレゼントの交換を含めてきっちり十五分。くたびれたけれど濃密で、充実したひとときだった。プレゼントのバッジを二個渡したら〝孫にやる〟とにっこり。そして「三人目はまだ小さいからいい」と当方へ気遣い。本当の紳士を見た。

ゴア氏が興味を示した『みんなでへらそう CO_2』
のCD（上）と踊っている幼稚園児たち

四大プロジェクト①～最先端技術～

市長在任三期目には、市の総合計画「名古屋新世紀計画２０１０」はほとんどめどが立った。十年たって気心の知れた職員も育ってきた。そこで、名古屋の今後を見据えてのリーディングプロジェクトとして、いわゆる四大プロジェクトの実施計画をつくった。

一つは新幹線博物館の建設だ。東京は新橋に鉄道歴史展示室があり、これを元にＪＲ東日本が大宮に大規模な鉄道博物館を建設した。京都はＪＲ西日本が持つ梅小路の京都鉄道博物館（二〇一六年四月二十九日オープン予定）があり、蒸気機関車が動態展示される。

名古屋市は、世界に誇る新幹線技術とシステムの実物展示をする新幹線博物館の建設をＪＲ東海に要請した。二〇二七年のリニア新幹線開通を意識し、その車両などを展示して産業観光の拠点にしようと意図したわけである。

二〇〇七年には「モノづくり文化交流拠点構想」を策定し、産業技術の継承と人材育成、産業振興・産業観光の推進、新たな都市の魅力向上、あおなみ線の旅客誘致を目的に掲げて事業を推進することにした。

名古屋市は用地の提供と周辺整備、JR東海は施設の建設と新幹線車両などの展示・運営を担うことにし、二〇一一年、「リニア・鉄道館」としてあおなみ線の終点、金城ふ頭にオープンした。今では全国から来場者を集めている。

二つ目は最先端の医療施設の建設だ。名古屋は中部圏の中枢都市として、高度先進医療を地域の人々が享受できる施設を造る責務を担っている。そこで先進医療として注目されている粒子線によるがん治療施設を考えた。

市民病院の再編整備と都市公園の質の向上をリンクさせ、西部医療センターを北区の志賀公園に隣接して建設することにした。公園の緑を病院から見る、あるいは公園を散策する。治療を受けるのは辛いことだが、少しでも癒そうと考えた。

さらに費用対効果を考え、陽子線による苦しまないがん治療施設を併設した。通院でがん治療できる施設だ。患者のＱＯＬは格段に向上したはずだ。これも曲折を経て、二〇一一年にオープンした。

最近になってスタッフの訓練も軌道に乗り、当初予定の患者受け入れ体制が整ってきていると聞く。最先端技術を紹介し、駆使する二つの施設が生みの苦しみを経て軌道に乗ってきた。

2011年にオープンした「リニア・鉄道館」（写真提供／リニア・鉄道館）

四大プロジェクト②〜文化〜

三つ目が名古屋城本丸御殿の復元だ。一九三〇年（昭和五年）に国宝第一号に指定された名建築で、詳細な図面とガラス乾板の写真が残り、史実に忠実に復元できる唯一の御殿だ。三代将軍、家光の上洛に合わせて大改修された上洛殿は京都の二条城御殿と並ぶ武家風書院造りの名建築で、美術的価値は極めて高い。

この御殿の価値は、日本一の木曽の檜《ひのき》をふんだんに使った材質もさることながら、障壁画、飾り金具、欄間《らんま》彫刻などの室内装飾の見事さにもある。〝聖なる美術空間〟と言って良い。すでに復元された表書院の金の襖《ふすま》がＬＥＤのかすかな光に乱反射して、微妙な色の変化を見せる様子を見れば、その素晴らしさを実感するはずだ。

この本丸御殿復元プロジェクトの特長は三つ。第一は平成の市民普請であること。二〇〇五年、万博の成功が確信できた八月上旬、名古屋の財界の幹部に御殿を造る計画を打ち明けた。前年のITS世界会議で特別展示した竹林豹虎《ちくりんひょうこ》図《ず》の復元に、平成の匠の技を見た方が「いいねえ、万博の成功の気運を引き継ごう」と言って下さった。それまで名古屋市はいろいろな手を使って募金を集めていて数億円はあったが、総事業費から見れば微々たるものだった。

ところが、各界の主要な皆さんの参加を得て復元推進委員会を立ち上げ、募金活動を本格的に開始したところ、中部経済連合会、名古屋商工会議所、ライオンズクラブ、各区の後援組織など実に多くの賛同を得て、極めて短時間に四十億を超える資金になった。

第二は、奈良の大極殿の建設事業と並ぶ「ようこそ日本」プロジェクトに位置付けられたこと。

第三は、国土交通省に「歴史的、文化的景観を生かした公園事業」にしていただき、建設費の五割の補助をいただいたこと。極めて異例なことだ。これに万博の益金の配分、新世紀・名古屋城博の益金、愛知県の補助金を合わせ、総事業費のほとんどをまかなう手はずが整った。

その後のリーマンショックを考えると、まさに幸運だった。平成本丸御殿は二〇〇九年一月に着工された。上洛殿の完成時は、どんな美術空間が見られるだろう。

本丸御殿復元着工記念式典にて（右から４人目）

四大プロジェクト③〜環境〜

四つ目が東山の森の再生だ。ほぼ四百ヘクタールあり、世界の大都市の森としても有数の広さで、もちろん日本一だ。昭和の初めに市内の篤志家の寄付を受け、市がそこに当時〝東洋一〟と言われた動植物園を造ったために奇跡的に残ったのである。

再整備の委員になっていただいた俳優の柳生博さんは、八ヶ岳の人工の森を雑木林に再生した人だ。東山スカイタワーから緑のパノラマを見て「すごい」と感嘆されていた。同じ委員の女優、竹下景子さんは水面輝くボート池を見て「懐かしいわ」とつぶやき、懐かしさも再生のテーマだとおっしゃる。

こんなに素晴らしい緑地だが、市民は身近過ぎてありがたみを知らない。そのため生活の便を優先し、生態系を破壊するほどではないが大小の道路を通して緑や水脈が分断された。

再生プロジェクトのキーコンセプトは「つなぐ」で、「生命《いのち》をつなぐ」「人と自然をつなぐ」をテーマにした。

動物園では動物のエンリッチメントを大切にして、獣舎のバックヤードを広くし、居住環境を良くすることにした。動物も自然のままの状態で見せることを意図し、アジアゾウが水辺で遊ぶ様子を間近で見せる「アジアの水辺」や、チンパンジーが群れで生活する様子を、視線を変えて見ることができる巨大なサル山を整備した。

植物園では、熱帯のジャングルが自然に再生する五十メートルの大温室を造ることにした。世界一の温室だ。

さらに酸素の取り込み能力が低下した木を伐採し、太陽光が地上まで届くようにして森を再生しようとした。このほか、樹間をつなぐ吊り橋、キャノピーウォークを随所に設置し、東山の森を樹上、樹間、地上といろいろな角度から見られるようにしようと考えた。

重要文化財の温室はティールームに改装するなど、「サトヤマ」再生モデルとして世界に発信する一大観光拠点にするつもりだった。十年間で約四百億円を必要とする大事業だ。だが、諸事情が重なり、この壮大な事業は規模が縮小され、整備期間も延長されているのが現状。オンリーワンの事業の継続が望まれる。

東山動物園を視察する柳生博さんと竹下景子さん（左から）と

未完の大都市制度

最後の市長選で「スーパー指定都市の実現を目指す」と訴えた。指定都市が増えたが、要求が拡散し、国への影響力やプレゼンスが低下していると実感していたからだ。旧五大都市（横浜・名古屋・京都・大阪・神戸）は大都市の権限の拡充を求め、戦前から粘り強い運動を展開してきたが、住民投票の壁に阻まれて要求は尻すぼみになっていた。

結局、一九五六年の自治法の改正で妥協の産物としての政令による指定都市が誕生し、旧法にあった特別市の条項は削除された。結果、政府の判断と地元の要求で指定都市は次々と増え、現在は最後の熊本市を含めて二十市となっている。当初想定した旧五大都市とは規模や行政能力、財政力などの面でかなりのバラつきができてきた。

そこで、県並みではないが、現状より強い財源と権限を持つ都市を考えた次第である。

二〇〇〇年九月十一日、名古屋は東海豪雨に見舞われた。避難所に救援物資やボートを運ばねばならない。災害時の協定でボートと輸送用のトラックはすぐ手配できたが、道路は渋滞で詰まっている。

せめて一車線でも緊急輸送用に確保をと県警に要請するも、とても人手が割けないとの返事。権限がない市消防団員は交通規制できない。やむを得ず、終夜運転の地下鉄で市職員が救援物資を詰めた段ボールを運んだ。

これは困ったことの一例。この他、ホームレスの就労対策、教職員の人事権と給与権の一体化、防犯と交通安全、体感治安《たいかんちあん》、河川管理の問題など何とかしたいことがいっぱいあった。

さらに根本的問題として、大都市固有の行政需要に財源が追いつかないという問題がある。旧五大都市は流入人口が多く、基盤インフラの整備・充実が求められる。さらに医療、教育、文化面での貢献も求められる。このような動態的な需要と地方交付税制度のミスマッチという矛盾を抱えている。大都市は収入は多いが支出も多い。見かけより貧乏なのだ。

このような現状を地方分権推進委員会で、横浜、大阪の両市長と三人で訴えた。その後、義務教育教員の給与権、河川管理権など一部で進展を見たが、スーパー指定都市への道は遠い。大阪都構想、道州制の先行きの不透明さを見るにつけ、「地方分権」は掛け声だけのような気がする。

名古屋で行われた地方分権懇談会（2007 年）

タウンミーティング

名古屋市の総合計画にも触れたい。

道路、交通などのインフラ整備から保険、年金などの社会保障、区役所などの各種サービスまで、多くの仕事がルーティンワークで成り立っている。毎日のごみ処理などが典型的だ。

ルーティンワークは、約十年が計画期間の総合計画に基づいている。総合計画は三~四年の実施計画に支えられ、実施計画は単年度の予算で担保される。自治体の行政の実務は、ある意味でATS（自動停止装置）のよう。「市政は川の流れのようなもの」と言われる所以だ。

ミレニアムにふさわしいものということで、誇りと愛着の持てるまち・名古屋をめざして「名古屋新世紀計画2010」と名付けた総合計画をつくることにした。企画部を中心に各局の若手エキスパートが熱心に議論した。役所主導の従来型手法では市民が自分たちのための計画とは思わない。自分たちが計画作りに参画したという意識を持っていただけるようにと、タウンミーティングを徹底的に行うことにした。

時代の潮流は少子高齢化の急速な進行と情報化、そして環境問題の顕在化と広域交流の進展だ。これらを切り口に意見、要望を聞いた。中間案と最終案をまとめる際の参考にということで十六区二回ずつ、延べ三十二回のタウンミーティングを開いた。所要時間は全体で六十四時間、参加者は各回平均三百人、全体で約一万人に及んだ。

担当者は時代の潮流や将来の人口、経済活動などの基本指標、都市空間構想など計画づくりの参考になることを資料に基づいてていねいに説明し、参加者の意見、要望を聞くことに徹した。従来、ありがちだった「街灯を作ってくれ」

というような溝板型の陳情は回を追うごとに影を潜め、将来展望型の意見表明が多くなっていった。私は三十二回全部に参加し、タウンミーティングの〝おなじみさん〟も何人かできた。

専門家による審議会を経て、「ほっとなごや」「いきいきなごや」「花・水・緑なごや」などの八つの都市像を掲げた総合計画を発表。就任から三年半、東海豪雨直後だった。このタウンミーティングの成果は後の「安心・安全・快適街づくり条例」の素案づくりにも良い影響を与えた。

タウンミーティング「中区のつどい」(写真提供・名古屋市)

トワイライトスクール

トワイライトスクールは市長選の公約の一つだった。前市長の西尾武喜さんは自分の負の遺産を引き継がせないと考え、後継指名されなかった。つまり独自の路線で行けということだ。

私の取り柄は何と言っても教育。そこで文化・教育都市の実現を「チャレンジ21」の重要な柱にした。その目玉が、子育て支援をメインとしつつ、学校教育とは異なる側面の教育を大切にした放課後の学級だ。さんざんネーミングに悩んだ末、「トワイライトスクール」と名付けた。ただ、選挙戦ではJRの列車みたいだと酷評された。

それはともかく、学校週五日制が始まれば土曜日が休みになる。家庭に子どもを返すのが主旨だが、就労形態は完全に土曜日が休みではない。親がいない土曜日、子どもは誰が面倒を見るのかという問題が必ず起きると思っていた。そこで、まず土曜日を子どもたちがどう有意義に過ごすかを考え、ついでに放課後のいわゆる〝鍵っ子〟をどうするかを考えた。

学童保育は指導者も熱心で親も協力的だが、いかんせん限界がある。全市的に普及させるのはとても無理だ。

そこで思いついたのが空き教室の活用だ。放課後、希望する子どもを低学年を中心に預かる。学校教育とは異なる側面の教育意図を持って預かれば、子育て支援と両立できる。

今の子どもたちは少子化の影響で長男・長女が多く、家庭内でもみ合う経験が少ない。異年齢の他人、お兄さん、お姉さんがいれば、気ままに振舞えないが、世話をしてもらえる。助けてもらえるが耐えることも学ぶ。これを学校教育と異なる教育的側面と考え、異年齢交流の場と位置づけた。さらに、いわゆる地域の「世話焼きおばさん」の参加も求め、地域交流の場にもしようと欲深く考えた。

一九九七年、早速公約を実行に移した。まずは市内の二校でプール開放と図書館開放を行った。市内には二百六十校あり、歩いて通える。少子化で空き教室は増えている。普通教室二つ分をトワイライトスクール用に改築し、転用できるところから順次拡大していくことにした。場所はある。予算のめども立った。後は中身と指導者だ。

トワイライトスクールで元気に遊ぶ児童たち

学校は地域文化拠点

もともと学校は地域文化の拠点だった。娯楽の乏しい時代、夏休みの夜に校庭で見た映画は、スクリーンが風に揺れ不思議な映像だったが、田舎に住んでいた私は何だか文化に触れた気がした。

校長さんは村の名士であり。先生方はそれぞれの専門家で村人の尊敬を集めていた。日本は奇跡の復興を遂げ、校舎は近代的な鉄筋になり、諸制度もそれにつれて整備され、学校は制度、組織、内容の面でも自己完結型になっていった。地域の拠点性という役割は文化の面では廃《すた》れてきた。

そんな状況の中、就労形態の変化、少子化の波が急速に押し寄せ、いわゆる〝鍵っ子〟対策を社会全体で担うことになった。名古屋市はトワイライトスクール事業を全小学校で展開することにした。なお、文部科学省は後年「放課後学級」としてこの事業を後援することになり、名古屋の事業も加速したが、先鞭をつけたのは名古屋だった。

さて、この事業の運営指導者、責任者を誰にするか、教育委員会と詰めた議論をした。

教育界というところはもともと基づく根拠も大切だが、及ぼす影響を心配する傾向があり、この議論でも「事故が起きた際の学校とトワイライトの境界は」「部活への影響は」などの心配が噴出した。

結局、学校の現場をよく知り、調整がスムーズにできる人材は校長先生ということになり、OBを再雇用することにした。

運営要綱も整備され、アシスタントパートナーとしての「世話焼きおばさん」やアクティブラーニングの一環として参加している大学生など、多様なスタッフの協業で事業はおおむね順調に展開されている。だが、ここにも市場原理主義的な考えに基づく指定管理者制度が持ち込まれ、初期の教育的側面がないがしろにされる傾向が見えるのは残念だ。

ある時、トワイライトスクールの実際を見に行った。和室を使って茶道の指導がされていた。子どもたちはまんじゅうが食べられると無邪気に喜んでいたが、指導が始まった時、きちんと正座し、両手をついてお辞儀した真剣な表情が今でも印象に残っている。トワイライトスクールは立派に役割を果たしている。

笹島小学校・中学校にある山車は地域文化の一例

ど真ん中祭り

名古屋の夏は暑い。それをさらに熱くするのが「にっぽんど真ん中祭り」だ。通称「どまつり」は、今や名古屋の夏の風物詩となった。

八月の最終週、海外からも踊り手が集まる。二百チーム以上、総数二万数千人が市内各地で鳴子《なるこ》の囃子《はやし》に合わせて群舞する。ファイナルコンテストは久屋大通公園の特設舞台で繰り広げられる。その後の総おどりは圧巻だ。

そんな「どまつり」も生みの苦しみを経て誕生した。

いきつけの理髪店の主人が「名古屋で手づくりの祭りを企画している学生がいる。市の協力が得られなくて苦労しているみたい」と言う。機会をつくってリーダーの水野孝一君に会った。

「北海道のよさこいソーランに負けない、日本一の祭りにしたい」と言う。キーコンセプトは「観客動員ゼロ」。囃子方、衣装、振り付け、踊り手、その他の裏方、すべて主役のお祭りをしたいと、礼儀正しく熱心に、ていねいに説明する。イベント屋にありがちな嫌味がない。

まず、名古屋まつりのパレードで演舞を披露することになった。ひと目見て、これは大化けするかもと予感。

その後、水野君は大学の経済学の先生に「どまつり」の経済波及効果を試算してもらって協賛企業を募ったり、国内各地に出掛け、演舞を見せ、海外にも行って宣伝したりと、とにかく熱心に活動している。活動の様子を聞いて、予感は確信に変わった。

それで札幌の「YOSAKOIソーラン祭り」を見に行った。大通公園いっぱいの人で、まさに一大イベントだ。手づくりの祭りを市がコントロールするのは良くないと考え、名古屋市は道路占用の許可の申請者になったり、混雑の整理をしたりと裏方として支援した。

あれから十年以上経った。「どまつり」の主催団体は今では立派な公益財団法人になり、栄のビルに事務所を構えている。何人かのスタッフが働いている。

今年も二万人以上が市内各地で踊り、栄の総おどりの会場に集まる。二百万人以上の方がお祭りを楽しむはずだ。

名古屋市の策定した２０１０年計画の「にぎわいの街づくり、交流人口の増大により、街の活性化を図る」を地で行く、人の心を一つにする「お祭り」だ。

どまつりの総おどり（写真提供・にっぽんど真ん中祭り文化財団）

四選不出馬表明

一月二十六日の誕生日に合わせて、親しい人が集まる会がある。七十歳の誕生日には節目ということで、古稀の祝いをしていただいた。このころから持病の腰痛が悪化してきた。

普通に振舞っているものの、長時間同じ姿勢でいるのは苦痛。本会議は特にこたえる。リハビリテーションセンターで痛み止めのブロック注射をしてしのぐ状態。加えて軽い肺炎の症状が出る。だが、暇を見て好きなゴルフは相変わらず続けていたので、ごく身近な者以外は元気過ぎると思っていたようだ。

市長は政治家であるが特別職の公務員で、行政組織のトップの行政官だ。前に述べたルーティンワークが山ほどある。昼はおにぎり片手に書類を読むことは当たり前。それに会議の連続で、その都度決断しなければならない。これに外の行事が加わる。

四大プロジェクトはめどが立ったものの、本丸御殿は着工に漕ぎつけたい、陽子線治療施設は債務負担行為の議決をしたい、新幹線博物館はJR東海と最後の詰めをしたい、東山の再生は予算を確保したいということで、とにかく忙しく、気がついたら二〇〇八年だった。

以前から「権不十年」は意識していたし、職員にはトップスピードのバトンタッチと常々言っていた。よたよたでゴールを切りたくない。真剣に退《ひ》き際をどうするか考え始めた。

家族は不出馬は当然という思いだった。東京の兄は「後四年やってもプラスはない。退き際が大事」と大賛成。十月二十二日ごろ、周囲に分からないように地下駐車場からホテルの部屋に入り、事前に作成させていた連絡先リストに従って片っ端から電話し、通じた方に四選不出馬を伝えた。

多くは「ご苦労さま」といたわっていただいた。中には「そこへ行く」と言われた方もいたが、ていねいに断った。ちょうどクライマックスシリーズの中継中だったが、ゲーム終了までにほとんど連絡し終えた。

翌日の臨時記者会見で正式に四選不出馬を表明した。意外にあっけなく終わったが、後始末は大変だった。

四選不出馬表明の記者会見

再び教育の現場へ

四選不出馬を表明したが、すべき仕事はいっぱい。直後に姉妹友好都市提携三十周年の記念行事のために南京市に出張し、請われて瀋陽まで足を延ばして東北大学で講演し、大連の港を視察して帰った。

すぐに新年度の予算編成。二〇一〇年計画は最後の実施計画が佳境に入ったところ。市長選挙があるが、本格予算を組むことにした。この予算に入れようとした広小路ルネッサンス事業費が、調査費も含めて予算計上見送りという事態になるなど、年が明けても大変だった。

もともと全力でゴールテープを切るというのが信条。退任後のことを考える余裕はなかった。もちろん市長選挙については傍観者ではいられなかったが、自ら計らわずの城山三郎先生の教えを守っていた。

年明けの成人式のころ、年賀状を整理しているとある一通が気になった。中京大学の梅村清弘総長の秘書のような方からの賀状で、私が中京大で講義する夢を見たという意味深長なもの。その時は記念講演ならばありうるなという程度の認識だった。

市長を辞めた者が外郭団体に天下りすれば、かつての部下はやりにくいだろうと考えていた。妻はこの際、ゆっくり考えればと思っていた節がある。後で聞くと、ひそかに用意してくれていた組織もあったようだが。

そうこうしているうちに四月になり、市長選挙が始まった。だが、辞めていく者は歴史法廷の被告。弁明しないと心に決めていたのでここでは触れない。

記憶が確かではないが、梅村総長の代理の方から電話があり、総長に会ってくれという。梅村さんとは三十年来の知り合いで、高校のことで相談に乗ったり、あちこちでゴルフもしていたし、大学の記念行事に出て祝辞を述べたりしていた。同じ丑《うし》年ということもあり、気の合う仲なのですぐお会いした。総合政策学部長と年賀状をくださった方が同席された。

梅村さんは「総合政策学部の客員教授になってくれ」と単刀直入に言われる。大都市行政の実際を講義していただければ、学生に大いに刺激になるとのこと。次の学期からと返事をすると、五月の連休明けからすぐに講義してほしいということで三十四年振りに教育現場、しかも未経験の大学の教壇に立つことになった。

南京市との姉妹友好都市提携 30 周年記念パーティー（中央）

最後の訪問客

二〇〇九年四月二十五日。三期十二年務めた市長の任期は四月二十七日までだが、最後の二日間は土曜、日曜なので実質の勤務はこの日まで。午後五時にはお別れ会がある。四十九年間の役所生活が今度は本当に終わるというので、多少の感慨に浸っていた時、訪問者があるという。アポイントがあったかどうか分からなかったが、ともかくお会いした。

その杖をついたかなりの老婦人は、見覚えはないが懐かしそうに話し掛けられる。調子を合わせて話しているうちに、小学校の校長先生だということが分かった。今日が私の最後の勤務の日だと知って訪ねて来たという。さらに話していると、一九八四年（昭和五十九年）に私が大森中学校の校長をしていた折り、区の校長会の帰り道、車に乗せて学校まで送って行ったとのこと。

感謝していただくほどのことではないので、わざわざ最後の日に訪ねられた用件を伺うと、「松原さんが本丸御殿のことに真剣に取り組んでおり感謝している。ついては貧者《ひんじゃ》の一灯《いっとう》、寄付をしたい」とおっしゃる。「いかほどですか。本日お持ちですか」と尋ねると「持って来ていない。銀行に一緒に来てほしい」とおっしゃる。

ともかく担当局の者を呼び、銀行に同行させることにし、感謝状のこともあるので重ねて金額を確認すると、通帳を見せてこれだけだと言われる。担当の者が確認すると五千万円。びっくりして「本当に大丈夫ですか」と言うと「長く働かせていただき、名古屋市には感謝している。生活の心配はない。最後のお役に立ちたい」とおっしゃる。

最後の勤務の日に満を持して寄付金を、しかも一市民としては桁外れのお金を持って来ていただいたご厚意に胸が熱くなった。と同時に、本丸御殿復元の意義を深くご理解いただいていることに感謝した。万博の最中に決断して本当に良かった、その後のリーマンショックを考えると本当に幸運だったとしみじみ思った。

先ごろ、本丸御殿の進捗状況を見に行き、〝最後の寄付金〟の話をしたら担当者はよく覚えていて、その方は表書院の完成披露の際は車椅子でいらっしゃったという。

最後の最後に良いことがあった。何とも言えない成就感と心地良い疲労感の中で、お別れの花束をもらった。

退庁の日の花束贈呈（写真提供・名古屋市）

八事の森のコンサート

とにかくゆっくりするのが普通。だが、連休明けには中京大学で講義が始まる。休む間もなくシラバス（学習計画）を作り始めた。

前期は日本行政論、後期は政策実施論。実施論は実際にした仕事の中身の話で、臨場感を持って話せば良いから何とかなる。問題は行政論。論ずるような学識はないので、指定都市市長会の会長の時に専門家の協力を得てまとめた「大都市のあゆみ」に依拠《いきょ》することにした。妥協の産物である政令指定都市成立の経過を大都市制度確立の運動と関連させて述べるとともに、その統治システムの課題を論じた。

そうこうしている内に翌年（二〇一〇年）、東海学園大学から教育学部を作りたい、客員教授として講義をという要請を受けた。東海高校の出身でもあるし、頼みに来た方が丸の内中学校時代からの知り合いで、懇意にしていた事務局長の魚住哲彦さんなので断り難い。結局、専門外の教科の教科教育法などはチームでと言うことで了解。

前期は日本の近代化と義務教育の歴史、教育関係法規の体系、特に望ましい人間像の変遷と学習指導要領の関係を論じた。後期は教員採用試験の実際に即し、その傾向と対策の演習をすることにした。

久し振りの教壇は楽しく、充実感はあったがエネルギーが要った。学生は素直で真面目で、孫のように可愛い。ただ、個性的に自己表現できる学生が少ないのが気になった。同調圧力が強過ぎるのだろうか。

二つの大学で講義しながらもマグロ型の本領発揮。COP10のパートナーシップ事業として生物多様性を歌う「八事の森のコンサート」を開こうと奔走《ほんそう》した。日本人の暮らしから生まれた叙情歌は生物多様性を歌ったものが多い。

COP10開催期間中の満月の夜、八事の森で日本の叙情歌を聴き、また全員で合唱するという企画だ。

竹下景子さんによる本丸御殿の御用材となった木曽の檜の話、地元歌手の歌、全員合唱で大いに盛り上がった。忙しい中、生物多様性条約事務局のアハメッド・ジョグラフ事務局長も駆け付けてくださった。実に多くの皆さんの協力も得たし、迷惑も掛けたが意義のあるコンサートだったと自己満足した。

「八事の森のコンサート」での全体合唱

広小路ルネサンス

市長時代にはやり残したこともある。今でも残念に思っているのが、コンパクトシティ化に具体的に取り組めなかったことだ。

都市は拡大し、人は本来住むべきではないところに住み始めた。都市化の進展とともに本来、水を浅く広く貯めるところに土地を一部かさ上げして住むようになってしまった。今後は人口減少社会になっていくのだから、空き家が出る。

そういう状況を克服し、環境に負荷をかけない賢い住まい方をしようというのがコンパクトシティ。そしてそれを実現するのがスマートシュリンク、つまり賢く格好よく街を収縮しようという考え方だ。

その象徴的な例が都心集住。名古屋で言えば中区栄から名駅周辺に高密度に住むということ。中区は現在（二〇一五年）、八万二千人強から人口増が続いている。しかし、戦前は中区の境界が現在とかなり違うが、三十万人以上が住んでいたことがある。それが高度成長期とともにスプロール化により、市街地が拡大し、街のメンテナンスコストも、行政サービスのコストもかさむということで市財政を圧迫する要因のひとつになっている。

これらの問題を解決しようというのがスマートシュリンクで、中心となるプロジェクトが広小路ルネサンス構想。街を根本的に造り変えようと、そう名付けた。

簡単に言うと広小路の歩道を拡幅し、プロムナード化することだ。車道の中央分離帯を撤去して狭軌《きょうき》のＬＲＴを走らせ、一般車両の流入を規制する。広くなった歩道に街路樹を二重に植栽し、水路を設ける。特区によりアップした容積率を活用した高層ビルには、居住スペースを多く設ける。

パリやウィーンなどのスカイラインをそろえた街並みを想像すれば良い。栄と名駅を結ぶ「広ブラ」が復活する。栄と名駅が互いに街の魅力を高めるべく競い合う。

歩いて楽しい街をつくる、これが都心集住のポイント。この構想は車の流入規制を伴うためいろいろな団体の反対があったし、住民の理解も深まらなかった。最終的には議会の同意を得ることができず挫折した。四大プロジェクトが緒についたのでやむを得ないとあきらめたが、今でも残念である。

広小路ルネサンス構想のイメージ

作家・城山三郎

城山三郎先生が二〇〇七年（平成十九年）三月二十二日、間質性肺炎で亡くなられた。先生の弟さんとは丑年の会の仲間ということもあり、「兄貴に会うといいよ」と言われ、『創意に生きる──中京財界史』『冬の派閥』の二冊を署名入りでプレゼントされた。

先生（城山三郎は私の在学中、愛知学芸大学の講師）に読後感を送ったところ、手紙のやり取りが始まり（先生は電話が嫌い）、来名の折りには、ひつまぶしや鯛茶漬けなどを食べながらあれこれ話し合うようになった。結論はいつも〝文化を大切に〟であった。

その内、ゴルフしませんかということになり、茅ヶ崎のスリーハンドレッドクラブでプレーした。まさに王道を往くプレー、淡々とあるがままに各自打っていく、スコアは付けない。けれど互いにオナーは分かっていて、サッサと打つという具合。茶店の休憩はバナナ、話しが弾んでいる時は、後の組に先に行って頂くという実にゆったりとしたプレーだった。

家内とも夕刻クラブハウスで合流し、平塚辺りでフレンチをご馳走になった。先生は赤ワインが大好物、ある時「シャートーマルゴー」を持参したところ大喜びで、「渡辺純一の世界だね」と一言。『失楽園』の中で主人公の二人が最期に飲んだ酒とご存知の様子。そう言えば、先生のお別れ会での渡辺氏の話は、二人の交流の深さを伺わせる心の籠ったものであった。

先生との交流の中で「無所属が大事ですよ」「本懐は何かね」と折に触れ伺った。しがらみに絡めとられるな、志を持てと言う忠告と受け止めていた。

そんなある時、ゴルフの帰途であったと思うが、書斎を見ませんかと言われ、ご自宅隣りの書斎にお邪魔した。原稿、取材ノート、寄贈の著作等々が文字通り堆《うずたか》く積まれ、足の踏み場もないので仕方なく庭に回って室内を覗き込む始末。「この資料何とかなりませんかね、経済の関係は大阪がくれというのだがね」と先生、私は「全部下さい、こちらで整理します」とその場で返事をした。名古屋は近代文学発祥の地、文学館的なものを名古屋に造る際、その中核資料になると直感的に思ったからである。

市の担当者は四トントラックですぐ取りに行き、ごみを含めて全部持って来てしまった。書斎机、ゴルフクラブ、直木賞正賞の時計まで含まれていた。先生の貴重な資料は「文化のみち二葉館」の中核となり、名古屋の文化発信を担っている。

若き日の城山三郎先生と書斎

女優・竹下景子

私の誕生を祝う会が催される時、竹下さんは都合が付けば駆け付けて下さる。かつて〝お嫁さんにしたい女優ナンバーワン〟と言われた竹下さんは、今や日本を代表する女優の一人である。

個人的にはフーテンの寅さんシリーズ、備中高梁のお寺の娘役が一番好きである。超多忙な中、阪神淡路大震災復興支援の朗読は毎年しておられる。愛・地球博の日本館総館長としての活躍は記憶に新しい。

そんな竹下さんと二〇〇四年（平成十六年）一月十五日名古屋市公館で対談した。竹下さんは中央防災会議の東海地震対策専門調査委員の主婦の立場、行政の責任者として東海豪雨の陣頭指揮した私と都市防災について話し合ったのである。私は豪雨の当夜、徹夜で情報収集と応急対策の指示をしていた様子を述べる中で、関係機関のホットラインの確保、緊急輸送道路の確保に関する権限委譲、河川の上下流一体管理の大切を得々と語った。

一方の竹下さんはまず自分の身を守る、次いで家族の安否確認、防災グッズの整備と点検、そして家族会議での連絡方法の確認の大切さをさりげなく語られる。要するに自助はきちんとやる。そして、行政の指示を待ち、速やかに行動するとおっしゃる。実に賢い、こんなに上等な市民ばかりだったらと思うことしきり。実に気持ちの良い対談だった。対談の合間の「ほっほっほ」の笑い声が実にいい。

市長退任後は仲間の皆さんと竹下さんの芝居(竹下さんは旅芝居が案外好き)の追っかけをし、時には現地でお食事をしている。もちろん、ともにゴルフ大好き仲間同士、ゴルフのオプションもある。東京公演の折りは、写真家のご主人、関口照生さんも交えてわいわい食事をして旧交を温めている。

交流が自然に深まるなかで、私の環境三部作の「なごや環境夜話～これならできるを見つけよう」のメイン対談者になって頂いた。また、COP10開催の折のパートナーシップ事業「八事の森のコンサート」では、本丸御殿の御用材「木のお話し」をして頂いた。満月の中、竹下さんの優しい声と生物多様性を歌う叙情歌の調べが重なり合い素晴らしい会になった。

私の誕生日パーティーでの竹下景子さんのスピーチ

下り坂の極意

「願はくは　花の下にて　春死なん　そのきさらぎの　望月の頃」

これは、旅を住家とした歌人・西行の歌。彼はただ願っていただけではない。行者として日常的に足腰を鍛え、毎月一日断食、二日断食と食の自己コントロールをし、自分の身体の変化を知悉《ちしつ》していた。

彼は七十二歳で死を迎えるが、東河内の弘川寺を死に場所に、前の年に裏の庵に桜を植える。翌年の正月から精進、五穀を断ち、十穀を断ち、最後は水を断ち、旧暦二月十五日を迎える。時は満月、桜は満開、条件は整っている。しかし、この日はお釈迦様の涅槃《ねはん》の日、畏《おそ》れ多いとして一日ずらして十六日に息を引き取っている。

予告通りの素晴らしい最期。歌人の藤原俊成、藤原定家が賞賛し、人々は感嘆した。なんとも見事な往生である。

ところで、我々凡人はこうはいかない。平均寿命が八十歳を大幅に超えた。死の予測が科学的、医学的にもかなりの精度でできるようになった。だから、終点を定めたらバックキャスティングで、人生の「下り坂」をどう過ごすかの行程表は作れるし、作ったほうが人生の終焉が豊かになるはずである。

理屈はその通りであるが、現実はそうではない。下り坂が始まっている、しかもかなりの急坂と分かっていても、その終点は分からない。もっと言うと、突き詰めて考えたくないのではないか。

自分も含めて「死生観」があやふやなまま生きてきたせいかもしれない。戦前派、戦中派に属する人たちは、人生の中断や死に直面せざるを得ない時代に生き、嫌でも「死」を考えさせられたけれど、今は学習指導要領で「生きる力」が強調される世の中、医学的には生かされるし、「死」は見たくない現実になったのだろうか。

ＳＴＡＰ細胞は変なふうになってしまったが、生き物の「死」は確実である。その前の「下り坂」の騒動も確実。志賀直哉の『城の崎にて』は、死を前にした騒動を克明に描いた名作。斉藤茂吉の「死に給ふ母」を詠んだ連作も死を見送る者の悲しみが臨場感を持って伝わる名歌である。

凡愚《ぼんぐ》の私など西行の往生の極意には及びもつかないが、「往きて生きる」ための「下り坂」の作法は模索したいものである、と急に思うようになった。そこで、ＮＫＫ（名古屋下り坂研究会）という訳の分からない会を立ち上げたいと真剣に検討しているところだ。

「下り坂」の仲間と奥さんたち（家内とともに）

ゴルフ哲学

大学の客員教授をしながらかなり自由に振る舞い、色々な会を催していた。前述の「八事の森のコンサート」もその一つである。そんな私の様子を見ていて、東名古屋カントリークラブの理事長を引き受けて欲しいと要請された。

旧知の梅村学園の梅村清弘先生に相談すると「僕も理事をしている、いいゴルフ場だよ、引き受けたら」とあっさりおっしゃる。ゴルフ大好き人間の私はすぐ引き受け、さらに濃密なゴルフ人生が新たに始まった。

東名古屋カントリークラブは俳人・山口誓子が「青リンク猿投の姫の裳裾なる」と詠んだように、猿投の山裾に自然の起伏が連なる極めて戦略性の高いコースで、五十年の伝統がある。日本の三大トーナメントを開催した名コースで、平均月二位のペースでプレーを楽しんでいる。

もちろん理事長として理事会の議長をしたり、時には風呂場でメンバーの要望を聞いたり、コースの状態やスタッフの様子も気に懸けたりしている。

そんな私のゴルフ哲学は極めてシンプル、とにかく遠くに飛ばすである。ピンが手前だから花道を転がす、左のバンカーは避けてグリーンの右を狙ったらなどと色々アドバイスがあるが、ボールは空中を飛ぶというのが私の信念。

クラブの番手にはそれぞれ固有の飛距離があり、自分の経験則で大体は分かっている。池があっても、バンカーがあっても、こぶがあってもピンを狙う。八割方は上手くいかなくて、アプローチで困難に会う。

オフィシャルは15だが四十年近く前のまま。そんな私にアベレージはない。グロス90~110の間をいったり来たり。スコアカードは一切保存しない。でも、空中を白いボールが飛んで行き、緑の芝に弾むのはまさにゴルフの醍醐味、それで、風呂場で毎晩腕立て伏せの体幹トレーニングを行っている。

飛ばし自慢の私のゴルフ仇から「松原さん、飛ばし屋なら白マークだよ。それが美学だよ」と挑発されるが、ティーショットはとにかく一番前に飛んでないと気が済まない。それで、七十五歳になってからはゴールドマークを使うことにした。今でもゴルフの前日は眠りが浅い。でも、夢の中の白球は空中を飛んでいる。

東名古屋カントリークラブのフロントロビーにて（会長、総支配人とともに）

学長就任と共生《ともいき》

二〇一四年十月ごろ、東海学園大学から学長にという話がきた。市長選の時と同じで何人かがリストアップされていると思い、「自らは計らわず」が信条だからとだけ返事した。

その後、選考委員会において全会一致で推され、理事会で決定されたとのことで、引き受けざるを得ない。取材の記者には「学園の同窓として、最後のご奉公のつもり。選ばれる大学にすべく努力する」と答えた。格好つけて言えば『坂の上の雲』の秋山好古の心境だった。彼は陸軍大将を辞した後、郷里松山の中学校長になった人だ。

翌二〇一五年四月一日、入学式。それからが大変で、会議の連続。意志決定に実に手間をかける。教育の仕事には心からの納得が必要だと理解しつつも、くたびれるなあと言うのが正直な感想。だが、選ばれる大学になるには今が正念場である。

東海学園は歴史と伝統を持ち、卒業生は各界で活躍し評価されているが、大学は開学二十年と若く、評価は定まっていない。学部の増設、学科の改編等おおむね順調に推移して来ているが、これからが大変だ。

この年の四月には学校教育法が改正、施行された。大学のガバナンスの在り方は大きく変わり、学長の責任は重くなり統治能力が問われる。加えていわゆる二〇一八年問題、十八歳人口急減がある。

この状況を踏まえ、東海学園大学は中期計画を策定し公表した。この計画に基づき、各種の改革が具体的に動き出している。

これからはコンパクトで中身の充実した大学にならねば生き残れない。教育の質の向上とともにキャリア教育にも力を注ぎ、社会に有為な学生を送り出していかねばならない。そうすれば良い学生が入ってくる。この単純な好循環を、全学の教職員の力を結集して生み出さねばならない。

東海学園大学学長が最後の仕事になったのは有り難いと思う。振り返ると自ら計って生きてきたことはない。タイミングと人に恵まれたとつくづく思う。まさに「生かされ、生きてきた」、共生《ともいき》と私流に解釈している。

東海学園の理念「共生」を胸に学長就任

入学式

学長としての初仕事である入学式が名古屋市公会堂であった。前年の十月に学長に選任され、理事会で承認されていたので心の準備はまあまあ出来ていた。事務方からは「辞令の伝達、打合わせ等有るので早めに公会堂へお越しを」との連絡があったが、式の中身の説明は無し。学長だから当然式辞は述べなければならない。

ところが、実務となると細かい所が気になる。新入生は何名か、大学院研究科は入学か進学か、来賓は誰でどんな立場の人か、保護者の参加数等々、統一され、整理された資料が手元に来ない。それで前年の学長式辞のコピーをお願いしたところ手元に無いとのこと。ただ、進行の都合上短め目にとの注意があっただけだった。

それならと、折りから甲子園で選抜の高校野球もしていたし「何事にも前向き、力を合わせて挑戦を、健全な上昇思考を持て」という私の教育者としての基本の考えを入学者、進学者に伝えようと式辞の原稿に取り掛かった。

当日はあいにくの雨模様、鶴舞公園の花見の客は多くないが、公会堂玄関前やホールは参列者で一杯、新入生は華やかな雰囲気の中にも緊張感を漂わせていて好ましい感じ。この子達と一緒に学ぶ、修学の後押しをするのが私の仕事という思いが湧いてきた。不思議な感覚である。市長に就任し、市役所正庁で挨拶して以来の感覚である。

式辞では、皆さんと私は不思議な縁で結ばれている。皆さんは生まれて約二十年、私は東海高校を卒業して六十年、それぞれが色々な別れを経て此処に集まっている、言うなれば同級生である。自分で生きて来たつもりでも実は「生かされて」いたのである。この「生かされて」来た人生を大切にし、意義あるように「生きる」のが東海学園の建学の精神の「共生」であると説き聞かせた。

そして「一つ約束して欲しい、どうか、見逃し三振だけはしないで下さい」と呼び掛けた。

人生で最も体力、気力とも充実し、自由に過ごせる期間、何事にも挑戦して欲しいと心から願ったからである。学長として短いけれど長い一日であった。

この「見逃し三振だけはしないで」という式辞は、翌日の新聞で報道された。

それから、傘寿《さんじゅ》を前にした老人の学長としての仕事が始まった。

入学式での式辞「見逃し三振だけはしないで」

マネジメントとガバナンス

二〇一五年（平成二十七年）四月一日、改正学校教育法が施行された。その改正の意義は色々に言われているが、私なりにまとめれば、大学の社会的使命の再確認と大学の統治機能の確立である。

使命を果たすことの出来ない大学の退場も有り得る、統治機能を十全に果たすための学長のガバナンス能力が大切だということ。そのために大学の諸規程や学則等の見直し、自己評価を徹底せよという通達や事務連絡と称する指導等が文部科学省当局により矢継ぎ早になされ、この間東海学園大学も含め全国の大学は実に大変であった。

今回の学校教育法の改正に伴う諸規定の改正により学長の権限が大幅に拡大されたが、教育の営みは決定すれば実行されるという性質のものではない。決定に至るまでのプロセス、もっと言えば理解と納得が重要である。

多年教育界に身を置いた私はこのことを嫌という程知っている。けれど、議論しているばかりで実効性のある改革が出来なければ最大のステークホルダーである学生に申し訳がない。

そこで、今回の改革で強く打ち出された大学の三つのポリシー、即ち入学生受け入れの基本方針であるアドミッションポリシー、受け入れた学生の修学を保証するカリキュラムポリシー、社会に役立つ人材として送り出すことを約束するディプロマポリシーについて全教職員が共通認識を持ち、それぞれ具体化するための研修会（ＳＤ研修会）を開く等の取り組みを始めている。

緒に就いたばかりでまだまだの感はあるが、歩みは始まっている。これは私の就任以前に中期計画が策定されていて、その計画に則り諸改革が実行される手筈になっているからである。だが、研修会まではいいが、いざ実行という段階、特に人事や組織の問題になると総論賛成、各論反対という状況もある。

これらをマネージするための会議は、種類も多いし時間もかかる。現今の大学はまさにハードワークである。マネジメントをしっかりし、ガバナンスの確立をと言うが簡単ではない。

私の日課は学長室の阿弥陀さんに線香をあげ、念仏を唱えることから始まる。かつての私を知っている人なら〝本当かね〟と思うだろうが、本人は大真面目である。何か具体的に頼むのではないが、心が落ち着くのである。

学長室の阿弥陀さんの前で

開学二十周年

東海学園大学は東海学園グループの女子短期大学を母体として一九九五年（平成七年）四月一日に開学され、二十周年を迎えた。短期大学時代を含め五十年以上の歴史を有することになる。大学の設置は時代の進展と社会の要請を受けたものであったが、文字通り「生みの苦しみ」を味わっての誕生であった。この間の経緯は『共生の教え永遠に』に詳しく述べられている。

大学の立地規制により、名古屋に広い校地を求めることが出来なかったことに加え、後に「失われた10年」と呼ばれるバブル経済の破綻による不景気の真っ最中に開学せざるを得なかったからである。時期も立地も恵まれたとはいえなかったのである。ともあれ、先行取得してあった三好に経営学部三百二十人余の単科大学として誕生したのである。

開学以後は関係者の真剣な努力の結果、二十年を経過した現在五学部、一研究科四千百人余の学生を擁する総合大学に成長した。時代の潮流を読み、的確に学部の増設、学科の改編が行われたからである。その過程で、三好の広い校地を生かしてスポーツ健康科学部を開設出来たのも幸運であった。難産だったが小さく産んで大きく育ったのである。

ここまで曲折はあったけれど、まあ順調と言っていい。だが、これからが問題、まさに正念場である。

少子高齢化が進行し、十八歳人口が急減するからである。いわゆる二〇一八年問題である。学校教育法の改正もこれからを懸念し、将来を見据えたものと言ってよい。

ところで、東海学園大学はどうするかであるが、私はステークホルダーである学生満足度を高めることに尽きると考えている。そのためには三つのポリシーの着実な実行、つまり、社会に責任を持つ最終教育機関として有為な人材を社会に送り出す、それに伴いやる気があり目的意識のはっきりした学生が入るようになる。この極めて単純な好循環を作ることだと考えている。選ばれる大学になるのである。

開学以来二十年間、失われた10年プラスアルファの中でも学部の増設、学科の改編を行いつつ一貫して組織は拡大して来た。だが、その延長はあり得ない。組織のスリム化、コンパクト化は避けて通れない。

さらに重要なのは中身の充実である。そのために衆知を集め、中期計画を策定し公表した。この過程で理解と納得は得られたはず。しかし、私に残された時間はそんなに多くはない。実行のためにタフネゴシエーターにならねばと覚悟している昨今である。

学内の理事会

あとがき

二〇一六年（平成二十八年）、私は傘寿を迎えた。自分ではかなりハードに生きて来た積もりであるので、健康で今日を迎えられたのは望外の幸せである。

かなりな我が儘で、自分のライフスタイルは変えない、スケジュール管理を徹底するということを今まで貫いてきた。役所でも学校でも全体最適を目指して誠心誠意事に当たれ、休みには仕事するな、自分の時間を持て、無所属を大事に、自己研鑽を積め等言い続けた。宴会、会食は八時半には終わる、止むを得ない場合以外二次会に出ない、自宅に電話するな等極力マイペースを貫いた。

ただ、仕事は納得するまで、徹底した。説明メモは一枚、結論を先に根拠は後、説明は簡潔に。会議は効率的に、その時々に一定の結論を、次回に議論を蒸し返すな等嫌なことも言い続けた。結果、合理的過ぎる、威張っている、我が儘、自分勝手と陰口を言われていたらしい。しかし、職員は付き合いも一過性、仕事は仕事と割り切れるからまだいいが家族には随分辛い、嫌な思いをさせた。特に家内には、母の看病、子育て等全部押し付け、苦労を掛けた。申し訳ないと思っているが、素直に言えないのが私の性分。

そんな私は「座右銘は」と問われると、即座に「僕の前に道はない」と答えていたし、何冊かの著作の略歴にも書いていた。教員としては学習指導でも生徒指導でも、当時としてはかなりユニークな教育活動を展開していた。

特に、道徳指導ではスペシャリストとしての自負を持っていた。教育委員会の事務局では学校の教育現場を熟知するものとして、〝チャイルドファースト〟に徹し、教育長としては行政委員会の独立性に心を砕いた。

市長選挙の時は行政改革が盛んに言われていた時でもあったので、前例踏襲をしない、〝ステディな改革〟をすると訴えた。当選後の市政運営では「市政は川の流れのようなもの」と言いつつも環境問題で苦境に立たされた事を逆手に取り「環境首都を目指します」と訴え、ごみを劇的に減らした。いわゆる〝なごやの熱い夏〟である。

今、改めて振り返って見ると、あっと言う間の五十五年であったとしみじみ思う。バトンタッチは「トップスピードからトップスピードへ、ゴールテープは前傾で駆け抜けよ」が口癖。人づくりでも街づくりでも「僕の前に道はない」は当たり前と思ってきた。

しかし、今回本書を出すに当たり、原稿を読み直し、また、昨年（平成二十七年）東海学園大学の学長就任の経緯を思い起こしてみて、自

自宅で家内とくつろぐ

分では「生きて」来た積もりだが、これはちょっと違うぞと思い始めた。今まで自分で運命を切り開いて来た積もりでも、実は幾つかの縁で結ばれ、導かれ「生かされて」来たのではないかと思い至ったのである。そこで、本書の標題を『生かされて生きる』にした次第。

大学に来る、廊下で行き会う学生は孫みたいに可愛い。彼等、彼女たちの学修の支援が私の最後のご奉公である。学長室で阿弥陀さんに線香をあげ祈る、生かされて生きる実感が湧く。不思議な感覚である。

平成二十八年三月吉日

筆者

＊本書は中部経済新聞に平成二十七年七月七日から同年九月四日まで五十回にわたって連載された『マイウェイ』を改題し、新書化にあたり加筆修正しました。

松原 武久（まつばら たけひさ）

1955年（昭和30年）東海高校卒、60年愛知学芸大学学芸学部国語科卒。守山東中学校教諭、神丘中学校教諭、丸の内中学校教頭、大森中学校校長、名古屋市教育委員会教育長などを歴任。97年名古屋市長に初当選し、09年まで3期務める。その間、指定市市長会長を6年間務めた。10年から東海学園大学客員教授、15年4月同大学学長に就任。尾張旭市出身。

中経マイウェイ新書 030

生《い》かされて生《い》きる

2016年4月5日 初版第1版発行

・

著書 松原《まつばら》 武久《たけひさ》

発行者 永井 征平 発行所 中部経済新聞社

名古屋市中村区名駅4-4-10 〒450-8561
電話 052-561-5675(事業部)

印刷所 モリモト印刷株式会社 製本所 株式会社三森製本

ISBN978-4-88520-199-8